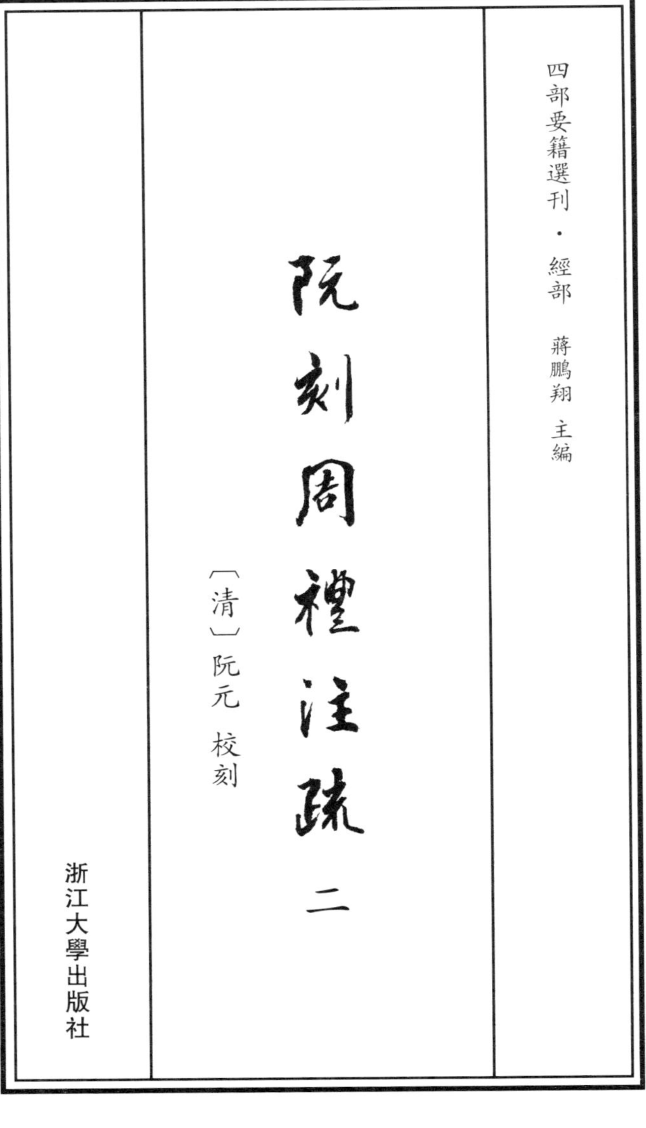

四部要籍選刊·經部　蔣鵬翔　主編

阮刻周禮注疏　二

〔清〕阮元　校刻

浙江大學出版社

本册目録

卷五

天官冢宰下

卷六

卷九

附釋音周禮注疏卷第五

天官冢宰下 ○陸曰本亦作天官冢宰下

鄭氏注　賈公彥疏

醫師掌醫之政令聚毒藥以共醫事毒藥藥之辛苦者藥之物恒多毒孟子曰若藥不瞑眩厥疾不瘳○瞑眠見反徐亡千反眩玄見反徐音玄劉音虎縣反瘳勑留反

疏醫師至醫事○釋曰醫師者衆醫之長故掌醫之政令言聚毒藥以共醫事者謂所有藥物並皆聚之以供疾醫瘍醫等故言以供醫事○注毒藥至不瘳○釋曰言毒藥藥之辛苦者細辛苦參雖辛苦而無毒但有毒者多辛苦故云毒藥藥之辛苦者又云藥之物恒多毒者藥中有毒者謂巴豆狼牙之類是也藥中有無毒者謂人參芎窮之類是也藥之無毒亦聚之直言聚毒藥者以毒為主故鄭云藥之物恒多毒又引孟子者案孟子滕文公為世子將之楚過宋見孟子而謂之云今滕國絕長補短將五十里可以為善國乎書曰藥不瞑眩厥疾不瘳注云逆書也藥使人瞑眩悶亂乃

得瘳愈猶人敦德惠乃治也引之者證藥中有毒之意此是古文尚書說命之篇高宗語傅說之言也不引說命而引孟子者鄭不見古文尚書故也

凡邦之有疾病者疕瘍者造焉則使醫分而治之疕頭瘍亦謂禿也身傷曰瘍分之者醫各有能○疕威匹婢反徐芳鄙反劉芳指反一音芳夷反瘍音羊身創也造七報反

【疏】凡邦至治之○釋曰國中有疾病者謂若疾醫所云者是也疕瘍者謂若瘍醫所云者是也云造焉者此二者皆來造醫師也云醫師則使醫分而治之者疾病者付疾醫疕瘍者付瘍醫故云分而治之下有食醫獸醫亦屬醫師不來造醫師者食醫主齊和飲食不須造醫師獸醫畜獸之賤便造獸醫故亦不須造醫師○注疕頭至有能○釋曰言疕頭瘍者案下瘍醫腫瘍等不言疕此特言疕者腫瘍等可以兼之故云疕頭瘍謂頭上有瘡含膿血者又云亦謂禿也者禿含膿血者則入疕中禿而不含膿血者疕中可以兼之故云亦謂禿也云身傷曰瘍者曲禮云身有瘍則浴是也即瘍醫所云腫瘍已下亦是云分之者醫各有能者疾醫知疾不知瘍瘍醫知瘍不知疾故云醫各有能

歲終則稽其醫事以制其食十

全爲上十失一次之十失二次之十失三次之十失四爲下食祿也全猶愈也以失四爲下者五則半矣或不治自愈○稽古节反考也後昔放此

【疏】歲終至爲下○釋曰言歲終者謂至周之歲終云則稽其醫事者謂疾醫等歲始已來治病有愈有不愈並有案記今歲終揔考計之故言稽其醫事云以制其食○據所治愈不愈之狀而制其食祿而制五等之差云十全爲上者謂治十還得十制之上等之食云十失一次之者謂治十得九制祿次少於上者云十失二次之者謂治十得八制祿次少於九者十失三次之者謂治十得七制祿次少於八者十失四爲下者謂治十得六制祿次於得七者○注食祿至自愈○釋曰食祿也者食即月俸故以祿解食依序官疾醫中士下士案禮記王制下士視上農夫食九人祿中士倍下士十八人祿若然中士祿食有常今差爲五等者但功適中者守本祿功高者益之功下者損之欲勉勵醫者故爲此五等之差云失四爲下者五則半矣或不治自愈者案漢書藝文志云神農黃帝食藥七卷云寒溫疾病之淺深辨五苦六辛致水火之齊以通閉結反之於此乃失其宜者以熱益熱以寒益寒積氣內傷是以獨失故諺云有病不治

恒得中醫若然此經失四之類亦是以寒益寒以熱益熱言有病不治恒得中醫故鄭云五則半矣或不治自愈釋經所以不言十失五之意

食醫掌和王之六食六飲六膳百羞百醬八珍之齊和調也。食音嗣下食齊同（疏）食醫至之齊。釋曰言掌和王之六食以下者此等並是膳夫所掌此食醫調和而已其六食六飲等之義並在膳夫

凡食齊眂春時飯宜溫。眂音視羹齊眂夏時羹宜熱醬齊眂秋時醬宜涼飲齊眂冬時飲宜寒（疏）凡食至冬時。釋曰言凡食齊眂春時者言凡者摠與下四時爲目故言凡以該之言食者即上六食則內則所云食齊一也言飯之齊和眂猶比也四時常溫比於春時故鄭云飯宜溫羹齊眂夏時者謂大羹鉶羹菜羹等其所齊和四時常熱故云眂夏時羹宜熱故也云醬齊眂秋時者案醢人醯人唯有醯醢不言醬即豆醬也案公食大夫公親設醬醬者食之主言醬則該諸豆實四時皆須涼故言醬齊眂秋

時又云飲齊眂冬時者謂若漿人六飲水漿之等四時皆須寒故言飲齊眂冬時飲宜寒故也凡和春多酸夏多苦秋多辛冬多鹹調以滑甘各尚其時味而甘以成之猶水火金木之載於土內則曰棗栗飴蜜以甘之堇荁枌榆娩槁滫瀡以滑之○和胡卧反飴以之反堇音謹荁音桓枌符云反娩音問槁苦老反滫劉思酒反徐相幼反瀡相蘂反

【疏】凡和至滑甘○釋曰言凡和者亦與下四時爲目言春多酸者東方木味酸屬春調和食酸多於餘味一分故云春多酸云夏多苦者南方火味苦屬夏夏時調和食苦亦多於餘味一分故云夏多苦秋多辛者西方金味辛屬秋秋時調和食辛亦多於餘味一分故云秋多辛冬多鹹者北方水味鹹屬冬冬時調和食鹹亦多於餘味一分故言冬多鹹調以滑甘者中央土味甘屬季夏金木水火非土不載於五行土爲尊於五味甘爲上故甘揔調四味滑者通利往來亦所以調和四味故云調以滑甘此五味之言出洪範及月令○注各尚至滑之○釋曰言各尚其時味者多一分者也必多其時味者所以助時氣也又引內則曰棗栗飴蜜以甘之者證經甘之所用物也又云堇荁枌榆娩槁滫瀡以滑之者證經滑之所用之物鄭君注內則荁堇類榆白曰枌

婉新生者槁乾也齊人溲曰滫秦人滑曰瀡謂將此堇巳下和溲以滑之

凡會膳食之宜牛宜稌羊宜黍豕宜稷犬宜粱鴈宜麥魚宜苽

會成也謂其味相成鄭司農云稌稉也爾雅曰稌稻苽彫胡也○稌音杜又他杜反苽音孤稉本亦作秔音庚彫劉本作凋音彫

疏 凡會至宜苽○釋曰凡會膳食之宜者謂會成膳食相宜之法言牛宜稌者依本草素問牛味甘平稻味苦而又溫甘苦相成故云牛宜稌羊宜黍者羊味甘熱黍味苦溫亦是甘苦相成故云羊宜黍豕宜稷者豭豬味酸牝豬味苦稷米味甘亦是甘苦相成故云豕宜稷犬宜粱者犬味酸而溫粱米味甘而微寒亦是氣味相成故云犬宜粱又云鴈宜麥者鴈味甘平大麥味酸而溫小麥味甘微寒亦是氣味相成故云鴈宜麥云魚宜苽者魚味寒魚族甚多寒熱酸苦兼有而云宜苽或同是水物相宜故云魚宜苽○注會成至胡也○釋曰云稌稉也者亦方俗異名云爾雅曰稌稻也苽彫胡也者今南方見有苽米是也

凡君子之食恒放焉

○放猶依也放甫往反

疏 凡君至放焉○釋曰上六食六飲一經據共王不適放下凡食春多酸巳下至魚宜苽巳上齊和相成之

事雖以王爲主君子大夫已上亦依之故云恒放焉

疾醫掌養萬民之疾病四時皆有癘疾春時有痟首疾夏時有痒疥疾秋時有瘧寒疾冬時有嗽上氣疾癘疾氣不和之疾痟酸削也首疾頭痛也嗽欬也上氣逆喘也五行傳曰六癘作見○痟音消痒以掌反疥音介嗽西豆反本亦作欶上時掌反注同欬苦代反喘昌兗反見音賢遍反下同

【疏】疾醫至氣疾○釋曰言掌養萬民之有疾病者此主療治疾病而云養者但是療治必須將養故以養言之疾病兩言之者疾輕病重故注論語云疾甚曰病謂疾病俱療故兩言之此直言萬民不言王與大夫醫師雖不言或可醫師治之云四時皆有癘疾者此言亦與下爲目云春時有痟首疾者春是四時之首陽氣將盛惟金沴木故有頭首之疾言痟者謂頭痛之外別有酸削之痛云夏時有痒疥疾者四月純陽用事五月已後陰氣始起惟水沴火水爲甲疥有甲故有疥痒之疾云秋時有瘧寒疾者秋時陽氣漸銷陰氣方盛惟火沴金兼寒兼熱故有瘧寒之疾云冬時有嗽上氣疾

者冬時陰氣盛陽氣方起惟土沴水以土壅水其氣不通故有嗽上氣之疾○注癘疾至作見○釋曰言癘疾氣不和之疾者癘謂癘疫人君政教失所則有五行相尅氣敘不和癘疫起故云氣不和之疾云痟酸削也者人患頭痛則有酸嘶而痛酸削則酸嘶也云嗽欬也者謂若內則不敢噦噫嚏欬之欬故言嗽欬也云上氣逆喘也者向上喘息謂之逆喘引五行傳曰六癘作見案五行傳云五福乃降用彰於下六沴作見一曰貌之不恭是謂不肅惟金沴木又曰言之不從是謂不又惟火沴金又曰眡之不明是謂不哲惟水沴火又曰聽之不聰是謂不謀惟土沴水又曰思之不睿是謂不聖惟木金水火沴土此其五沴也言六沴者天雖無沴案洪範六極又案書傳致六極之由皆由身之五事一曰凶短折思不睿之誅二曰疾眡不明之誅三曰憂言不從之誅四曰貧聽不聰之誅五曰惡貌不恭之誅六曰弱皇不極之誅據此六極皇極爲屬天王者不極亦有痾疾病併前五者爲六沴彼言沴此鄭注言癘者言沴謂五行相乖沴此言癘癘氣與人爲疫故不同若據五事所置言之四時之疾皆據眡之不明者也

以五味五穀五藥養其病養猶治也病由氣勝負而生攻其贏養其不足者五味醯酒飴蜜薑鹽之屬五穀麻黍稷麥豆也五藥草

木蟲石穀也其治合之齊則存乎神農子儀之術云○贏音盈後不音者同合如字又音閤下同

疏　注養猶至術云○釋曰言養猶治也者病者須養之故云養猶治也云病由氣勝負而生者假令夏時熱病者體寒即是水水贏而勝也火氣負而不足也故言猶氣勝負而生云攻其贏養其不足者夏時病者則五味中食甘五穀中食稷以甘稷是土之穀味土所剋水是攻其贏也土生於火土是火之子食甘稷爲子養母之道故云養其不足也云五味醯酒飴蜜薑鹽之屬者醯則酸也酒則苦也飴蜜即甘也薑即辛也鹽即鹹也此即五味酸苦辛鹹甘也鄭不言五味酸鹹等而言醯酒之屬者當時醫方見用醯酒之等故舉以言焉又云五穀麻黍稷麥豆也者此依月令五方之穀此五穀據養疾而食之非必人於藥分又云五藥草木蟲石穀也者草謂麻黃勺藥之類是也木謂厚朴杜仲之類是也蟲謂吳公贏鼈之類是也石謂磁石白石之類是也穀謂五穀之中麻豆之等有入藥分者是也云其治合之齊則存乎神農子儀之術云者案劉向云扁鵲治趙太子暴疾尸蹷之病使子明炊湯子儀脉神子術案摩又中經簿云子義本草經一卷儀與義一人也若然子義亦周末時人也○並不說神農案張仲景金匱云神農能嘗百藥則炎帝者也言此二人能合和此術耳

以

五氣五聲五色眡其死生三者劇易之徵見於外者五氣五藏所出氣也肺氣熱心氣次之肝氣涼脾氣溫腎氣寒五聲言語宮商角徵羽也五色面貌青赤黃白黑也察其盈虛休王吉凶可知審用此者莫若扁鵲倉公○易以鼓反藏才浪反下文及注同徵張里反王往況反扁本亦作鶣薄典反徐抗忍反鵲漢書音義云扁鵲魏桓侯時醫人史記云姓秦名少齊越人倉公史記云姓淳于名意臨淄人爲齊太倉令漢文帝時人

疏 以五至死生○釋曰上文三五所以治療此經三五觀其死生故云眡其死生○注三者至倉公○釋曰云三者劇易之徵見於外者此經三者並是人之病者氣與聲色其病在內人所不覩見其聲色則知增劇及簡易故云劇易之徵見於外者也云五藏所出氣也者言五藏謂氣之所藏故知五氣出於五藏云肺氣熱者此已下並據月令牲南首而言肺在上當夏故云肺氣熱云心氣次之者心在肺下心位當土心氣亦熱故言次之云肝氣涼者肝在心下近右其位當秋故云肝氣涼此三藏並在膈上云脾氣溫者於藏值春故云溫云腎氣寒者腎位在下於藏值冬故言寒此二者在膈下此五藏寒熱等據月令成文而說及其醫方之術心屬南方肝屬東方肺屬西方脾屬中央腎屬北方此並據五

色而言不據氣之寒熱也云五聲言語宮商角徵羽也者宮數八十一配中央土商數七十二配西方金角數六十四配東方木徵數五十四配南方火羽數四十八配北方水此五聲數多者聲濁數少者聲清人之言語似之故云言語宮商角徵羽也云五色面貌之青赤黃白黑也者此據五方東方木色青南方火色赤中央土色黃西方金色白北方水色黑病者面色似之云察其盈虛休王吉凶可知者假令冬時面色黑其氣寒聲應羽此是盈而王吉可知若冬時其色黃其氣熱聲應宮此得中央土來剋已此是虛而休凶可知若得東方青色等則子來助已亦吉云審用此者莫若扁鵲倉公者依漢書藝文志大古有岐伯榆柎中世有扁鵲秦和漢有倉公若然扁鵲在周時倉公在漢世此二人知氣色之候者也

兩之以九竅之變參之以九藏之動兩參之者以觀其死生之驗竅之變謂開閉非常陽竅七陰竅二藏之動謂脉至與不至正藏五又有胃旁胱大腸小腸脉之大候要在陽明寸口能專是者其唯秦和乎岐伯榆柎則兼彼數術者○竅音苦弔反秦和左傳昭元年晉平公疾秦伯使醫和爲之即此人也岐伯其宜反榆羊朱反本亦作俞柎劉音附徐音鈇岐伯榆柎皆黃帝時醫人

〔疏〕兩之至之動○

釋曰上經觀其氣色此經驗其脉候故以參兩言之○注兩參至術者○釋曰云參兩之者觀其死生之驗者言兩者謂九竅與所眡爲兩兩與九藏爲參云竅之變謂開閉非常者九竅之開是其常或開或閉即是非常故云開閉非常也云陽竅七者在頭露見故爲陽也陰竅二者在下不見故爲陰云藏之動謂脉至與不至者謂九藏在内其病難知但診脉至與不至即知九藏之動故云藏之動謂脉至與不至也又云正藏五者謂五藏肺心肝脾腎並氣之所藏故得正藏之稱不數之者上已有注云又有胃旁胱大腸小腸者此乃六府中取此四者以益五藏爲九藏也六府胃小腸大腸旁胱膽三焦以其受盛故謂之爲府亦有藏稱故入九藏之數然六府取此四者案黃帝八十一難經說胃○爲水穀之府小腸爲受盛之府大腸爲行○道之府旁胱爲津液○之府氣之所生下氣象天故故寫而不實實不滿若然此則正府也故入九藏其餘膽者清淨之府三焦爲孤府非正府故不入九藏也云脉之候要在陽明寸口者但醫者診脉諸脉皆可據若脉之大候取其要者在於陽明寸口二處而已陽明者在大拇指本骨之高處與第二指間寸口者大拇指本高骨後一寸是也云能專是者其惟秦和乎者秦和在中世如前說云岐伯榆柎則兼彼數術者此二人在大古如前說但上神農子

儀扁鵲倉公秦和等各專一能此二人兼上數術之耳　**凡民之有疾病者分而治之死終則各書其所以而入于醫師**少者曰死老者曰終所以謂治之不愈之狀也醫師得以制其祿且為後治之戒○少詩照反

（疏）凡民至醫師○釋曰以疾醫中士二人醫各有能故使分治之也云死終者謂民之有病不問老少皆治之不愈少死則曰死似不得壽終然少曰死老者則曰終謂雖治不愈似得壽終故曰終也云則各書其所以者謂書錄其不愈之狀云而入于醫師者醫師得之以制其祿則上十全為上已下是也

瘍醫掌腫瘍潰瘍金瘍折瘍之祝藥劀殺之齊腫瘍癰而上生創者潰瘍癰而含膿血者金瘍刃創也折瘍踠跌者祝當為注讀如注病之注聲之誤也注謂附著藥刮刮去膿血殺謂以藥食其惡肉○折劉本作斷同時設反祝之樹反出注劀音刮徐工滑反齊才細反創初良反踠於阮反徐烏臥反跌待結反徐徒紇反劉徒沒反著音豬略反去羌呂反

（疏）瘍醫至之齊○釋曰瘍醫掌腫

瘍已下四種之瘍瘡而含膿血者祝注也注藥於瘡乃後刮殺而言齊者亦有齊量之宜也○注腫瘍至惡肉○釋曰腫瘍癰而上生瘡者謂癰而有頭未潰者潰瘍癰而含膿血已潰破者云祝當爲注讀者疾醫非主祝說之官爲祝則義無所取故破從注注謂注藥於中食去膿血耳

凡療瘍以五毒攻之止病曰療攻治也五毒五藥之有毒者今醫人有五毒之藥作之合黃堥置石膽丹砂雄黃礜石慈石其中燒之三日三夜其煙上著以雞羽掃取之以注創惡肉破骨則盡出○堥本又作蝥劉音武又音無徐音毋又音務沈武侯反礜音豫著以直略反

疏 凡療至攻之○釋曰言凡則兼上四瘍故云凡療瘍以五毒攻治之也○注止病至盡出○釋曰言止病曰療者治病之名言治之則病止故云止病曰療也言合黃堥者謂內則有敦牟卮匜鄭注云敦牟黍稷器不言黃此言黃者見今時合和丹藥者皆用黃瓦缻爲之亦名黃堥事出於古也

以五氣養之以五藥療之以五味節之既刮殺而攻盡其宿肉乃養之也五氣當爲五穀字之誤也節節成其藥之力○五氣氣音穀出注

疏 以五至節之○釋曰云以五穀養之者亦當據病所宜釋善而用之故云以五

穀養之云以五藥療之者義如前注以五味節之者五味亦酸苦辛鹹甘亦當據病所宜食之以節成藥力者也○注既刮至之力○釋曰鄭云既刮殺而攻之盡其宿肉乃養之也者以經五藥在五穀之下恐人以五穀養之乃用五藥療之故鄭解之若然此五藥在五穀下者以上已言五毒攻之用此五穀養之則此五穀爲前五毒攻之乃後用五穀養之於理爲順此文重言五藥者爲下五味節成此藥故須更言五穀也云五氣當爲五穀者以其氣非養人之物又疾醫之有五味五藥五穀相將之物故破氣從穀也云節節成其藥之力者即下文以酸養骨之類是也

凡藥以酸養骨以辛養筋以鹹養脉以苦養氣以甘養肉以滑養竅以類相養也酸木味木根立地中似骨辛金味金之纏合異物似筋鹹水味水之流行地中似脉苦火味火出入無形似氣甘土味土含載四者似肉滑滑石也凡諸滑物通利往來似竅

疏 凡藥至養竅○釋曰上云以五味節之此即經酸苦之等是也今云凡藥以酸養骨藥味合言者欲見五味節成五藥故上注云節成藥力故合言之○注以類至似竅○釋曰云以類相養也者謂若酸與骨辛與筋之等是也云酸木味之等並依

洪範及月令爲說也云木立地中似骨者謂似人之骨立肉中者故以酸養之云辛金味金之纏合異物似筋者人之筋亦纏合諸骨故云似筋而以辛養之也云鹹水味水之流行地中似脈者血脈在人亦流行不定故云似脈而以鹹養之也云苦火味火出入無形似氣者火乃人所覩見似若有形攬之不得亦是無形故云似氣故以苦養之也甘土味土含載四者似肉者金木水火非土不載故云含載四者似人之肉亦含載筋骨氣脈故云似肉也故以甘養之也云滑滑石者以五味酸苦辛鹹甘養骨筋氣脈與肉相配託前食醫云調以滑甘平常調食五味之外有滑彼滑用堇荁枌榆今此養病五味之外亦宜有滑但於藥分之中慎滑則不得如平常用堇荁等故以滑石解之凡諸滑物通利往來似竅故以滑養之也若然此經五味不以生成爲次而以木金與火水相對者此若洪範以木曰曲直金曰從革火曰炎上水曰潤下以類相對而言也

凡有瘍者受其藥焉（疏）凡有至藥焉○釋曰藥即上五藥是也凡國中有瘍不須身來者並於瘍醫取藥焉

獸醫掌療獸病療獸瘍 畜獸之疾病及瘍療同醫○畜許又反下同（疏）

注畜獸至同醫○釋曰此醫唯療家畜不療野獸但畜獸義通今以畜解獸故當獸連言之也云畜獸之疾病及瘍療同醫者以上之人疾與瘍別醫今此畜病之與瘍同在一醫者重人賤畜故略同在一醫也

凡療獸病灌而行之以節之以動其氣觀其所發而養之 療畜獸必灌行之者爲其病狀難知灌以緩之且強其氣也節趨聚之節也氣謂脈氣旣行之乃以脈視之以知所病○爲于僞反聚本亦作驟同仕救反 疏 凡療至養之○釋曰獸必先灌之者鄭云爲其病狀難知故先灌而知緩之以其瘦弱且強其氣力也

凡療獸瘍灌而劀之以發其惡然後藥之養之食之 亦先攻之而後養之○食音嗣 疏 注亦先至養之○釋曰亦上瘍醫以五穀養之養彼注先刮殺盡乃養之此亦然故云亦先攻而後養之也

凡獸之有病者有瘍者使療之死則計其數以進退之 疏 凡獸至退之○釋曰上醫師云十全爲上者唯據疾醫與瘍醫不據獸醫故此云計其數而進退之進退

亦謂據功過進退其祿也

酒正掌酒之政令以式灋授酒材式法作酒之法式作酒既有米麴之數又有功沽之巧月令曰乃命大酋秫稻必齊麴蘖必時湛饎必潔水泉必香陶器必良火齊必得鄭司農云授酒人以其材○沽音古酋將由反下同秫音述齊戚才細反下皆同一讀此如字蘖魚列反湛接廉反饎音昌志反

疏 酒正至酒材○釋曰酒正辨四飲則漿之政令亦掌之今直言掌酒之政令不言漿之政令者但據酒之尊者而言其實漿亦掌之云以式法授酒材者式法謂造酒法式謂米麴多少及善惡也酒材即米麴蘖授與酒人使酒人造酒既言兼掌漿人則漿之法式及漿材亦授之不言者亦舉尊言也○注式法至其材○釋曰云作酒既有米麴之數者謂此爲法式也云又有功沽之巧者功沽謂善惡善惡亦是法式也引月令者十一月之令言乃命大酋監之者彼注酒孰曰酋於周禮則爲酒人案下注昔酒今之酋久白酒則酋者久遠之稱則是久熟者善故名酒官爲大酋若然彼注爲酒人此酒正引之者此酒正以法式及酒材授與酒人使造酒故引酒人云秫稻必齊者必使齊孰麴蘖必時者造之必

得時湛饎必絜者湛漬饎炊也謂清米炊釀之時必須絜淨
水泉必香者謂漬麴漬米之水必須香美陶器必良者酒甕
陶中所燒器者必須成熟不津云火齊
必得者謂釀之時生熟必宜得所也　凡爲公酒者亦
如之謂鄉射飲酒以公事作酒者亦以式法及酒材授之使自釀之○釀女亮反【疏】凡爲至如之○釋曰
言凡爲公酒者謂爲公事而作酒言凡非一謂若鄉飲酒鄉
射之等言亦如之者亦以式法授酒材○注謂鄉至釀之○
釋曰言鄉射飲酒者謂鄉飲酒鄉射飲酒鄉飲酒中有黨正
飲酒賓賢能飲酒鄉射飲酒中有州長春秋習射於序又有
鄉大夫三年賓賢能後以五物詢衆庶用州長射禮並是鄉
射飲酒若然州長黨正飲酒而謂之鄉者或是鄉大夫所居
州黨或是鄉大夫親來臨禮並得鄉名故謂之鄉此數事者
皆爲國行禮不可橫斂於民故得公酒其百家爲族不得公
酒族祭步神之
時合錢飲酒
辨五齊之名一曰泛齊二曰醴
齊三曰盎齊四曰緹齊五曰沈齊泛者成而滓浮泛泛然如
今宜成醪矣醴猶體也成而汁滓相將如今恬酒矣盎猶翁
也成而翁翁然葱白色如今酇白矣緹者成而紅赤如今下

酒矣沈者成而滓沈如今造清矣自醴以上尤濁縮酌者盎以下差清其象類則然古之法式未可盡聞杜子春讀齊皆爲粢乆禮器曰緹酒之用玄酒之尚玄謂齊者每有祭祀以度量節作之○泛芳劒反盎烏浪反緹音體醪勞刀反翁鳴動反下同一音於勇反鄭白卽今之白醝酒也宜作醝作鄭假借也在何反差初賣反

疏

辨五至沈齊○釋曰言辨五齊之名者酒正不自造酒使酒人爲之酒正直辨五齊之名知其清濁而已云一曰泛齊者泛讀如泛泛揚州之泛言泛者謂此齊熟時滓浮在上泛泛然二曰醴齊者醴體也此齊熟時上下一體汁滓相將故名醴齊乆此醴齊作時恬於餘齊與酒味稍殊故亦入於六飲三曰盎齊已下其類可知○注泛者至作之○釋曰言泛者成而滓浮者此五齊皆言成者謂酒熟曰成云如今宜成醪矣者宜成説以爲地名故曹植酒賦曰宜成醴醪蒼梧縹清若馬融所云今之宜成會稽稻米清似宜成以爲酒名故劉杳要雅亦以宜成爲酒名二者未知孰是今鄭云宜成醪矣亦未知鄭意酒名地名類下鄭白則爲地名云如今恬酒矣者但於五齊中爲恬故以恬酒況之云如今鄭白矣者漢時蕭何所封南陽地名鄭云如今下酒矣者下酒謂曹牀下酒其色紅赤故以緹名之案鄭下注五°伯緹衣亦赤黑色也云如今造清矣者漢時

造清孰則滓沈故以況沈齊也云自醴已上尤濁縮酌者言自醴以上唯有泛齊泛齊滓浮則濁于醴齊汁滓相將者此二者皆以茅泲之故司尊彝云醴齊縮酌郊特牲云縮酌用茅明酌也謂以事酒之上清明者和醴齊以茅泲之使可酌鄭彼注云泛從醴是二者皆縮酌故云自醴已上尤濁縮酌也云盎以下差清者案司尊彝云盎齊涗酌鄭注涗清也謂以清酒泲之則不用茅以其盎已清故也鄭彼注又云泛從醴緹沈從盎則亦用清酒泲之云其象類則然者謂五者皆舉漢法況之是其象類則然者也云古之法式未可盡聞者雖舉漢法漢承周後多得古之法只可略聞故云未可盡聞也杜子春讀齊皆爲粢粢云禮器曰緹酒之用玄酒之尚者子春意見禮運云粢醍在堂又見禮器云醴酒之用又粢穀爲醍酒則其餘四齊皆以粢穀爲之故讀齊皆爲粢玄謂齊者每有祭祀以度量節作之謂祭有大小齊有多少謂若祫祭備五齊禘祭備四齊時祭備二齊是以度量節作之不從子春爲粢者禮運唯有醍齊稱粢於此五者皆稱齊子春破五齊從一粢於義不可故鄭於禮運注粢當爲齊破一粢從五齊於義可也此五齊與下三酒及春官鬯人所造鬯酒所以異者五齊三酒俱用秫稻麴蘖又三酒味厚人所飲者也五齊味薄所以祭者也是以下經鄭注云祭祀必用五齊者至

敬不尚味而貴多品五齊對三酒酒與齊異通而言之五齊亦曰酒故禮坊記云醴酒在室醍酒在堂是也其𩱲酒者自用黑黍爲之與此別也

辨三酒之物一曰事酒二曰昔酒三曰清酒

鄭司農云事酒有事而飲也昔酒無事而飲也清酒祭祀之酒玄謂事酒酌有事者之酒其酒則今之醳酒也昔酒今之酋久白酒所謂舊醳者也清酒今中山冬釀接夏而成○醳音亦徐音昔

疏 辨三酒至清酒○釋曰辨者豫先之名物者財也以三酒所成有時故豫給財令作之也言一曰事酒者此三酒並人所飲故下云共王四飲三酒也但事酒酌有事人飲之故以事上名酒也二曰昔酒者久釀乃熟故以昔酒爲名酌無事之人飲之三曰清酒者此酒更久於昔故以清爲號祭祀用之此昔酒清酒皆以酒上爲名也○注鄭司至而成○釋曰先鄭云有事而飲者謂於祭祀之時乃至卑賤執事之人祭末並得飲之昔酒無事而飲者亦於祭末羣臣陪位不得行事者並得飲之清酒祭祀之酒者亦於祭祀之時賓長獻尸尸酢賓長不敢與王之臣共器尊同酌齊故酌清以自酢故云祭祀之酒故司尊彝云皆有罍諸臣之所酢此三酒皆盛於罍尊在堂下但此清酒受尸酢故以祭祀言之玄謂事酒酌有事者之酒者先

鄭云有事而飲據有事時飲之後鄭云酌有事者之酒謂有事之人但是有事之人雖不當祭時亦酌酒與之是就足先鄭義也云其酒則今之醳酒者事酒冬釀春成以漢之醳酒況之云昔酒今之酋久白酒者言昔爲久酋亦遠久之義故以漢之酋久白酒況之但昔酒對事酒爲清若對清酒則爲白故云酋久白酒也故晉語云味厚寔昔毒酒久則毒也云所謂舊醳者案禮記郊特牲云猶明清與醆酒于舊醳之酒也彼上注云明酌者事酒之上也醆酒盎齊涗于舊醳之酒三酒除事酒清酒則云舊醳是昔酒可知也對事酒爲新醳昔酒爲舊醳清酒不得醳名云清酒今中山冬釀接夏而成者以昔酒爲久冬釀接春明此清酒久於昔酒自然接夏也中山郡名故魏都賦云醇酎中山沇湎千日

辨四飲之物一曰清二曰醫三曰漿四曰酏

清謂醴之沛者醫內則所謂或以酏爲醴凡醴濁釀酏爲之則少清矣醫之字從殹從酉省也漿今之截漿也酏今之粥內則有黍酏酏飲粥稀者之清也鄭司農說以內則曰飲重醴稻醴清糟黍醴清糟粱醴清糟或以酏爲醴漿水臆后致飲于賓客之禮有醫酏糟糟音聲與糟相似醫與臆亦相似文字不同記之者各異耳此皆一物○醫於已反徐於計反注同酏以支反

泲子禮反下同醫烏兮反徐烏倒反本或作壂省所景反截昨再反粥之六反劉音育稀音希湆音糟下同沈子由反臆本又作醷於紀反徐於力反

【疏】辨四至曰酏○釋曰案漿人有六飲此言四者以漿人注酒正不辨水涼者無厚薄之齊故此唯辨四飲之物也云一曰清則漿人云醴清也二曰醫者謂釀粥爲醴則爲醫三曰漿者今之截漿四曰酏者即今薄粥也○注清謂至一物○釋曰言清謂醴之泲者此鄭據漿人解之漿人云醴此云清故云清謂醴之泲者云醫內則所謂或以酏爲醴者按內則上言飲下云重醴清糟又云或以酏爲醴彼酏爲醴在飲中而在清糟下此醫又在清下故知酏爲醴當此醫云凡醴濁釀酏爲之則少清矣者謂經中醫釀粥爲之與醴少異也又云醫之字從殹從酉省也者從殹省者去羽從酉省者去水故云從殹從酉省也云漿今之截漿也者此漿亦是酒類故其字亦從截從酉省截之言載米汁相載漢時名爲截漿故云今之截漿也云酏今之粥內則有黍酏酏飲粥稀者之清也者案內則黍酏在飲中故知此酏當內則黍酏以其爲飲故知粥稀者之清也鄭司農說以內則曰飲重醴稻醴清至或以酏爲醴穆當此經一曰清云漿當此經中漿水於此經無所當連引之耳醷當此經中醫云后致飲于賓客之禮有醫酏糟此引下文欲

取糟與内則湆一物故云糟音聲與湆相似云醫與醷亦相似者與此經醫爲一物云文字不同記之者各異耳此皆一物者内則彼云湆此云糟内則云醷此云醫是其文字不同皆一物也内則云重醴者清糟並設則稻醴清糟黍醴清糟粱醴清糟是其重醴也向者後鄭解或以酏爲醴醴爲醫今先鄭以爲醴共重醴爲一物又後鄭於内則注醷爲梅漿亦與先鄭不同以無正文故引之在下亦得爲一義故也

掌其厚薄之齊以共王之四飲三酒之饌及后世子之飲與其酒后世子不言饌其饋食不必具設之五齊正用醴爲飲者取醴恬與酒味異也其餘四齊味皆似酒〔疏〕掌其至其酒○釋曰言掌其厚薄之齊者從五齊已下非酒正所造並是酒人漿人所作故云直辨其厚薄之齊云以供王之四飲三酒之饌者謂饌陳具設之也云及后世子之飲與其酒者不言四飲三酒直言飲與酒復不言饌鄭云不必具設之是以不言言饌與數也○注后世至似酒○釋曰云五齊正用醴爲飲者取醴恬與酒味異也者鄭意五齊之中不用餘四齊以其醴恬故取入六飲其餘四齊味皆似酒者三酒味厚五齊味薄故言似酒醴恬全與酒味別也

凡祭祀以

灋共五齊三酒以實八尊大祭三貳中祭再貳小祭壹貳皆有酌數唯齊酒不貳皆有器量

酌器所用注尊中者數量之多少未聞鄭司農云三貳三益副之也大祭天地中祭宗廟小祭五祀齊酒不貳爲尊者質不敢副益也杜子春云齊酒不貳謂五齊以祭不益也共三酒人所飲者益也弟子職曰周旋而貳唯嗛之視玄謂大祭者王服大裘袞冕所祭也中祭者王服驚冕毳冕所祭也小祭者王服希冕玄冕所祭也三貳再貳一貳者謂就三酒之尊而益之也禮運曰玄酒在室醴醆在戸粢醍在堂澄酒在下澄酒是三酒也益之者以飲諸臣若今常滿尊也祭祀必用五齊者至敬不尚味而貴多品○貳徐音二下同爲于僞反嗛苦簟反袞古本反驚必列反徐劉方利反毳充芮反希本又作絺同張里反醆側産反粢才許反醍音體本亦作緹飲於鴆反○疏凡祭至器量釋曰言凡祭祀者謂天地及宗廟等揔目之言云以法共五齊三酒者但祭有小大齊有多少各有常法故云以法共五齊三酒云以實八尊者五齊五尊三酒三尊故云以實八尊此除明水玄酒若五齊加明水三酒加玄酒此八尊爲十六尊不言之者

舉其正尊而言也云大祭三貳者大祭謂王服大裘衮冕所祭者也三貳者貳副也就三酒人所飲者三度副益之云中祭再貳者中祭謂王服鷩冕毳冕所祭者也再貳亦謂就三酒之中再度益之云小祭壹貳者小祭謂王服希冕玄冕所祭者也云皆有酌數者謂三酒之祭副益等尊皆有酌器盛酒益尊故言皆酌云數者謂多少之數有□齊酒不貳者齊酒所祭祀非人所飲故不副益之皆有器量者器謂酌齊酒注於尊中量謂皆有多少之量○注酌至品○釋曰云酌器者釋經皆有酌器一者所用注五齊三酒於尊中云數量之多少未聞者數之與量皆是多少之言但未聞升數耳鄭司農云三貳三益副之也皆先鄭之意注酒於尊中爲副子春後鄭亦與之同云大祭天地等者先鄭意天地爲大祭宗廟爲中祭五祀爲小祭其實天地自有大祭小祭宗廟亦有次小云齊酒不貳爲尊者質不敢副益也者以其主獻尸所用少故不副益杜子春引弟子職者是管子書弟子職篇謂弟子□□□飲酒之時弟子用法周旋而貳者欲副益酒尊之時嗛謂不滿唯酒尊不滿者視之更益玄謂大祭者王服大裘衮冕所祭巳下至玄冕所祭並據司服六冕差之冕服有六天地宗廟各有三等故以六冕配之按司服王祀昊天上帝則服大裘而冕祀五帝亦如之祀先王則衮冕祭地亦用大裘是天地宗廟皆有大祭一也云中祭者王服鷩冕

毳冕所祭也是按司服先公則鷩冕四望山川則毳冕是地與宗廟次祭二也但天之次祀不見衣服者日月是天之次祀以其大報天主日配以月服大裘故春分朝日秋分夕月兼服玄冕故天之次祀中不見衣服云小祭者王服希冕玄冕所祭也者按司服社稷五祀則希冕羣小祀則玄冕鄭彼注山林川澤之屬鄭雖不言風師雨師等之屬中兼之也惟見天地小祭不見宗廟小祭。馬融以爲宗廟小祭謂祭殤是也祭殤之時或可亦用玄冕若然則禮器云一獻質謂祭羣小祀當玄冕三獻文謂祭社稷五祀當希冕五獻察謂祭四望山川當毳冕七獻神謂祭先公當鷩冕雖不言九獻下云大饗其王事與大饗謂祫祭先王爲九獻當衮冕禮器下文云大饗不足以大旅大旅當大裘據此一獻至九獻以此獻數約之故六服差爲三按司服。山川服毳冕五獻社稷服希冕三獻社稷在山川下按大宗伯以血祭祭社稷五祀五嶽而社稷在五嶽上者五嶽與土地異形若畿外諸侯服獻則尊於王朝之臣社稷號曰土神似若王朝之臣服獻則卑於五嶽而在五嶽上者似若王人雖微猶敘諸侯之上按王制宗廟之牛角握國語山川之牛角。尺社稷尊於五嶽者彼自從國中之神莫貴於社故與宗廟同用握引禮運曰玄酒在室者謂鬱鬯在室中而玄酒即明水也配鬱鬯故在室醴醆在戶者醴謂醴齊醆謂盎齊並在戶也粢醍在堂者粢當爲齊齊醍在堂也澄酒在下者澄謂沈齊酒謂三酒二者並在堂下也云澄酒是三酒也者案鄭志趙商問禮運注澄是沈齊今此注澄酒是三酒何鄭荅今解可去澄字若然鄭本於此注時直云酒是三酒無澄字有澄字者誤當云酒是三酒云盆之者以飲諸臣者言盆之解經中貳案司尊彝云皆有罍諸臣之所酢是飲諸臣也云若今常滿尊也者言盆之故常滿故以漢法況之云祭祀必用五齊者至敬不尚味而貴多品者鄭意五齊味薄於三酒而數多但鬼神享德不享味故須至極敬而已是云○引郊特牲云至敬不尚味而貴多品也

共賓客之禮酒共后之致飲于賓客之禮醫酏糟皆使其士奉之

禮酒王所致酒也王致酒后致飲夫婦之義糟醫酏不泲者泲曰清不泲曰糟后致飲無醴醫酏不清者與王同體屈也亦因以少爲貴士謂酒人漿人奄士〔疏〕共賓至奉之○釋曰云共賓客之禮酒者謂王有故不親饗燕傳人致酒於客館云共后之致飲于賓客之禮醫酏糟者言致飲之中取二飲以致之云醫酏糟者謂醫酏不泲者也云皆使其士奉之者酒使酒人漿使漿人皆奄士故云使其士奉之○注禮酒至奄士○釋曰言禮酒王所致酒也者下酒

人云賓客之陳酒彼言陳謂若致饔餼列陳於客館中言禮酒不言陳謂饗燕之酒王當親饗燕王有故則使人就館以酬幣致之云王致酒后致飲夫婦之義者酒是陽故王致之飲是陰故后致之是陰陽相成故云夫婦之義云后致飲無醴醫酏不清者與王同體屈也者言后致飲無醴醫酏不清者對下漿人共夫人致飲於賓客之禮清醴醫酏糟而奉之謂夫人卑於后致三飲醫酏糟上加之以清醴今后尊唯有醫酏二飲無清醴既無清醴醫酏當清今皆不清者以其后尊夫妻片合與王同體故屈夫人卑與王不同體得申故加之以清醴也云亦因以少爲貴者案禮器云有以少爲貴者天子無介祭天特牲是以少爲貴則夫人三飲后二飲是因以少爲貴云士謂酒人漿人奄士者案序官酒人奄十人漿人奄五人皆不言士此經注皆士者爲官首當是士但非賢故不言士內小臣是奄而稱士鄭云異其賢

凡王之燕飲酒共其計酒正奉之共其計者獻酬多少度當足也故書酒正無酒字鄭司農云正奉之酒正奉之也○度徒洛反

疏 凡王至奉之○釋曰謂王與羣臣燕飲之酒共其計者謂計羣臣多少以足爲度酒正奉之者以其共王故酒正自奉之

凡饗士庶子饗耆老

孤子皆共其酒無酌數要以醉爲度

〔疏〕凡饗至酌數釋曰言饗士庶子謂若宮伯宿衞王宮者士適子庶子其支庶云饗耆老孤子者謂外饔注耆老謂國老孤子者謂死王事之子王皆饗養之則共其酒

掌酒之賜頒皆有灋以行之灋尊卑之差

〔疏〕掌酒至行之○釋曰云賜頒皆有法以行之者謂以酒頒羣臣也皆有法以行之者尊者得多卑者得少多少皆有常法言以行之者謂依法給之

凡有秩酒者以書契授之鄭司農云有秩酒者給事中于之酒秩常也常受酒者國語曰至于今秩之玄謂所秩者謂老臣王制曰七十不俟朝八十月告存九十日有秩○朝直遙反

〔疏〕凡有至授之○釋曰秩常也謂若老臣年九十巳上常與之酒云以書契授之者謂酒正授使者酒書之多少以爲契要而與之故云以書契授之○注鄭司至有秩○釋曰鄭司農云有秩酒者給事中于之酒秩常也常受酒者司農之意謂在朝羣臣親近於王揔名給事中王常以酒與之故云常受酒者又引國語者案楚語云鬬且廷見令尹子常聞子常畜貨聚馬鬬且廷以爲非遂陳令尹子文之行云昔鬬子文三舍令尹無一日之積成

王開子文行於是毋朝設脯一束糗一筐以羞子文至於今秩之後鄭皆不從之者給事中與之酒不言秩因朝而羞子文又非酒故不從之矣引王制曰七十不俟朝者謂不待朝事畢即去八十月告存者謂月月使報告老人存否九十日有秩者謂日日有秩膳即此經秩酒是也故引以爲證

酒正之出日入其成月入其要小宰聽之出謂授酒材及用酒之多少也受用酒者日言其計於酒正酒正月盡言於小宰

疏 酒正至聽之○釋曰言酒正之出者謂授酒材與酒人及出酒與入云日入其成者謂酒人用多少日計所用酒以此成入於酒正云月入其要者謂酒正得酒入日計文書日計其月要至月盡以月計文書入於小宰故云月入其要小宰聽之者小宰得酒正文書聽斷之知其得失○注出謂至小宰○釋曰言出謂授酒材者謂授酒人以其材酒正職首所言者是也及用酒之多少者謂若共五齊三酒以下是也云受用酒者日言其計於酒正者受用酒謂用酒多少是酒人也故曰言其計於酒正也云酒正月盡言於小宰者釋經月入其要

歲終則會唯王及后之飲酒不會以酒式誅賞誅賞作酒之善

惡者【疏】歲終至誅賞○釋曰直言唯王及后不會不云世子以其酒與膳異膳羞食之正則世子亦不會膳禽食之加世子會之酒亦爲加故亦會之以酒式誅賞者作酒有舊法式依法善者則賞之惡者則誅責之

酒人掌爲五齊三酒祭祀則共奉之以役世婦世婦謂宮卿之官掌女宮之宿戒及祭祀比其具酒人共酒因留與其奚爲世婦役亦官聯○比咸必履反又毗志反徐扶利反【疏】酒人至世婦○釋曰言爲五齊三酒者爲猶作也云祭祀則共奉之者謂酒人共而奉之云以役世婦者屬春官宮卿官也酒人以奚送酒至世婦因爲世婦所役使○注世婦至官聯○釋曰云世婦謂宮卿之官者所謂春官云每宮卿一人故云世婦謂宮卿之官也云掌女宮之宿戒者此亦世婦職文引此者其職云及祭比其具則此酒等是故送酒以往爲世婦所役言亦官聯者即小宰云祭祀之聯事是也共賓客之禮酒飲酒而奉之酒正使之也禮酒饗燕之酒飲酒食之酒此謂給賓客之稍王不親饗燕不親食而使人各以其爵以酬幣侑幣致之則從而以酒往○親食音嗣侑音又【疏】共賓至奉之釋曰云共賓

客之禮酒飲酒者此二者酒正使酒人奉授賓客。注酒正至酒往。釋曰知酒正使之者酒正云共賓客之禮酒使其士奉之士即此酒人也彼不言飲酒者禮酒中可以兼之矣云禮酒饗燕之酒者謂饗燕食賓之酒也云飲酒食之酒者謂食時有酒者曲禮云酒漿處右則此非獻酬酒是酳口之酒也云此謂給賓。之稍者此禮酒飲酒揔言王若不親燕飲食則使人致之於客館任賓客稍稍用之故云給賓客之稍云王不親饗燕不親食者謂王有故不得速賓親行此三者云使人各以其爵以酬幣侑幣致之者此並聘禮文案彼云若不親食使大夫各以其爵朝服致之以侑幣致饗以酬幣亦如之彼雖無致燕法案鹿鳴燕羣臣嘉賓有實幣帛則致燕亦以酬幣致之與饗同云各以其爵者則諸侯來朝遣三公致饗卿來聘遣卿大夫致饗燕以酬幣致食以侑幣故云酬幣侑幣致之云則從而以酒往者謂酒人以酒從使人欲。往客館授與賓客

凡事共酒而入于酒府

入于酒正之府者是王燕飲之酒酒正當奉之

〔疏〕凡事至酒府。釋曰此謂酒正所奉者則酒正云凡王之燕飲酒酒正奉之并共王之四飲三酒之饌亦是酒正奉之以其事非一故言凡事共酒入於酒正之府

凡祭祀共酒以往

不言

奉小祭祀以往〔疏〕凡祭至以往○釋曰上云祭祀共奉之謂大祭次祭此不言奉謂小祭祀王玄冕所祭者故云共酒

賓客之陳酒亦如之謂若歸饔餼之酒亦自有奉之者以酒從往〔疏〕賓客至如之○釋曰謂上公饔餼九牢之等案聘禮云卿韋弁歸饔餼牲牢及芻薪米禾等並歸於客館彼入壺設於西序北上天子致禮於諸侯亦當陳於西序故云賓客之陳酒亦如之者亦以酒從使人往○注謂若至從往○釋曰經直云賓客陳酒不指斥言饔餼鄭不敢正言故言若饔餼之酒云亦自有奉之者謂使卿韋弁歸之者是也云以酒從往者謂卿韋弁歸饔餼等之時亦使人以此酒從往致之

漿人掌共王之六飲水漿醴涼醫酏入于酒府王之六飲亦酒正當奉之醴醴清也鄭司農云涼以水和酒也玄謂涼今寒粥若糗飯雜水也酒正不辨水涼者無厚薄之齊○糗丘酉反又昌紹反〔疏〕漿人至酒府○釋曰言入於酒府者亦入於酒正之府與三酒同以共酒正奉之故也○注王之至之齊○釋曰云王之六飲亦酒正當奉之者亦如酒人共酒入於酒府酒正奉之故此云

亦酒正當奉之言當者酒正所云有不自奉者唯共王乃奉之故云當云醴醴清也者酒正辨四飲言清不言醴彼鄭云清醴之泲者此漿人六飲言清謂醴之不泲清濁雖殊本是一物故云醴清也鄭司農云涼以水和酒也者和水非人所飲又且若以酒和水即是厚薄之齊酒正何因不辨之乎故後鄭不從玄謂涼今寒粥若糗飯雜水也者案內則飲內有濫無涼彼鄭云以周禮六飲校之則濫涼也紀莒之閒名諸爲濫濫言諸者非一之義內則名涼爲濫參驗相當故鄭云涼今寒粥若糗飯雜水也云酒正不辨水涼者無厚薄之齊者此文六飲並有水涼酒正辨四飲無水涼以其水則臨時取用涼則至用乃和二者並不須豫辨故言無厚薄之齊

共賓客之稍禮稍禮非飧饔之禮留閒王稍所給賓客者漿人所給亦六飲而已○閒如字徐音澗

【疏】注稍禮至而已○釋曰云稍禮非飧饔之禮留閒王稍所給賓客者謂賓未去留閒王稍稍所給賓者也故以稍言之云漿人所給亦六飲而已者漿人不主酒齊唯主飲故知此稍禮所給六飲而已

共夫人致飲于賓客之禮清醴醫酏糟而奉之亦酒正使之三物有清有糟夫人不體王得備之禮飲醴用柶者糟也不

用柶者清也○柶音四〔疏〕共夫至奉之○釋曰夫人謂三夫人致飲於賓客之禮助王養賓亦致於客館清醴醫酏糟者清醴之泲者即酒正所云一曰清是也醫酏糟者謂醫酏不泲者此二飲與后同而奉之者亦使漿人奄士奉之○注亦酒至清也○釋曰云亦酒正使之者亦謂酒正使酒人漿人奄士也故酒正云醫酏使其士奉之彼注士酒人漿人奄士故知亦酒正使之云三物有清有糟夫人不體王得備之者對后體王屈故醫酏糟而無清醴也云禮飲醴用柶者糟也者案士冠禮禮子用醴有柶是用柶者糟也但柶只爲糟設醴既泲而清則不假柶則此經清醴是也故云不用柶者清也

凡飲共之謂非食時〔疏〕凡飲共之○釋曰上共王六飲食時以共訖此又云凡飲共之故云謂非食時

凌人掌冰正歲十有二月令斬冰三其凌正歲季冬火星中大寒冰方盛之時春秋傳曰火星中而寒暑退凌冰室也三之者爲消釋度也故書正爲政鄭司農云掌冰政主藏冰之政也杜子春讀掌冰爲主冰也政當爲正正謂夏正三其凌三倍其冰〔疏〕凌人至其凌釋曰言掌冰

者謂凌人揔掌藏冰出冰之事故云掌冰也云正歲十有二月令斬冰者正歲謂夏之建寅爲正十有二月謂建丑之月冰堅腹厚之時令入山斬冰三其凌者凌謂冰室之中三倍納冰備消釋度故也○注正歲至其冰○釋曰云正歲季冬者周雖以建子爲正行事皆用夏之正歲若據殷周則十二月冰未堅若據夏之十二月冰則堅厚故正歲據夏也云火星中大寒冰方盛之時者火星中謂十二月平旦火星中於十二月小寒節大寒中是冰方盛之時也引春秋傳曰火星中而寒暑退者此左氏昭公三年鄭游吉如晉送少姜之葬張趯見之云自今子其無事矣譬如火焉火中而寒暑乃退注云火星季冬十二月平旦正在南大寒退季夏六月黄昏火中暑退此其極也能無退乎引此者證十二月寒退之時冰最盛故取之云故書正爲政者政是政教字故先鄭從之云掌冰政主藏冰之政後鄭不從先鄭故引子春讀掌冰爲主冰言正謂夏正於下還從經正歲向下爲義後鄭依子春改者若歲字向下即是周之十二月冰未厚故從子春也又云三其凌三倍其冰者謂應十石加至四十石即是三倍其冰也

春始治鑑

鑑如甄大口以盛冰置食物于中以禦溫氣春而始治之爲二月將獻羔而啓冰○鑑胡暫反本或作監音同甄直僞反與縋音同盛音成爲

于僞反〔疏〕春始治鑑○釋曰春謂正月始治鑑者鑑是盛冰之器春豫治之爲二月將出冰○注鑑如至啟冰釋曰鑑如甀者漢時名爲甀即今之甕是也故云如甀大口以盛冰云春而始治之爲二月將獻羔而啟冰者案月令仲春云獻羔而開冰先薦寢廟七月詩亦云四之日其蚤獻羔祭韭是二月出冰者公始用之

凡外內饔之膳羞鑑焉凡酒漿之酒醴亦如之酒醴見温氣亦失味酒漿酒人漿人也〔疏〕凡外至如之○釋曰言凡外內饔之膳羞鑑焉者謂王后及世子并饗耆老孤子之等以下文云祭祀此經直云膳羞明非祭祀也二月之後皆須鑑以盛冰故云鑑焉云凡酒漿之酒醴者酒謂酒人之酒謂三酒五齊舉酒而言漿謂漿人之醴謂六飲舉醴而言云亦如之者亦以鑑盛冰

祭祀共冰鑑賓客共冰不以鑑往嫌使停膳羞〔疏〕祭祀至共冰○釋曰此云祭祀者謂天地社稷及宗廟之等皆共鑑云賓客共冰者謂諸侯來朝王禮之以飧及饔餼直共冰以往無鑑也○注不以至膳羞○釋曰冰若有鑑則冰不銷釋食得停久故鄭云不以鑑往嫌使停膳羞

大喪共夷槃冰夷之言尸也實冰于夷槃

中置之尸牀之下所以寒尸尸之槃曰夷槃牀曰夷牀衾曰
夷衾移尸曰夷于堂皆依尸而爲言者○也漢禮器制度大槃
廣八尺長丈二尺深三尺漆赤中○釋云廣八尺長丈二深
三尺凡度長短曰長直亮反度淺深曰深尸鴆反度廣狹曰
廣光曠反度高下曰高古到反相承用此音
或皆依字讀後放此漆赤中用朱漆其中

〔疏〕大喪共夷槃冰○釋
曰亦謂三月已後遭大喪則共夷槃及冰舉王喪共后世子
及三夫人已下小喪亦共之但王及后有夷槃自外當與諸
侯已下同大槃等其世婦已上有冰則與大夫同女御與士
同無冰見賜乃有也○注夷之至赤中○釋曰喪大記云君
設大槃造冰焉大夫設夷槃造冰焉士併瓦盤無冰下又云
設牀襢笫有枕含一牀襲一牀是實冰置尸牀之下以寒尸
也云牀曰夷牀者儀禮既夕禮文云夷衾者喪大記云自小
斂已後用夷衾是也云移尸曰夷於堂者亦喪大記云既小
斂男女奉尸夷于堂是皆依尸而爲言也云漢禮器制度云
云者叔孫通前漢時作漢禮器制度多得古之周制故鄭君
依而用之也依制度云天子大槃廣八尺長丈二尺深三尺
漆赤中此經雖云夷槃無形制故依焉若然此周謂之夷槃
漢謂之大槃是別大異名案喪大記君設大盤者彼諸侯不
敢與天子同名夷盤故名大盤彼大夫云夷盤者卑不嫌得

與天子同名
其制則小也
夏頒冰掌事
暑氣盛王以冰頒賜則主爲
之春秋傳曰古者日在北陸
而藏冰西陸朝覿而
出之○覿直歷反
（疏）
夏頒冰掌事○釋曰夏頒冰者據
頒賜羣臣言掌事者謂主此賜冰
多少合得不合得之事○注暑氣盛王以冰頒賜則主爲之
春秋傳曰古者日在北陸而藏冰西陸朝覿而出之○釋曰
謂二月之時蠅蟲已生公始用之四月已後暑氣漸盛則賜
及羣下云春秋傳曰者左氏昭四年正月大雨雹季武子問
于申豐曰雹可禦乎對曰聖人在上無雹雖有不爲災古者
日在北陸而藏冰西陸朝覿而出之其藏之也深山窮谷固
陰沍寒於是乎取之其出之也朝之禄位賓食喪祭於是乎
用之其藏之也黑牡秬黍以享司寒其出之也桃弧棘矢以
除其災其出入也時食肉之禄冰皆與焉大夫命婦喪浴用
冰祭寒而藏之獻羔而啟之公始用之火出而畢賦服氏云
火出於夏爲三月於商爲四月於周爲五月自命夫命婦至
於老疾無不受冰爾雅云北陸虛也服氏云陸道也北陸言
在謂十二月日在危一度西陸朝覿不言在則不在昴謂二
月在婁四度謂春分時奎婁晨見東方而出冰是公始用之
今此鄭注引朝覿而出之謂經夏頒冰則西陸爾雅曰西陸
昴也朝覿而出冰羣臣用之若然日體在昴在三月内得爲

夏須冰者據三月末之節氣故證夏須冰此言夏據得夏之節氣春秋言火出者據周至於七月詩二之日鑿冰三之日納於凌室四之日其蚤獻羔祭韭孫皓問藏之既晚出之又早何鄭荅豳土晚寒故夏正月納冰夏二月仲春大蔟用事陽氣出地始溫故禮應開冰先薦寢廟是公始用之也

秋刷刷清也鄭司農云刷除冰室當更內新冰玄謂秋涼冰不用可以清除其室○刷所劣反清如字又才政反下同

疏注刷清至其室○釋曰先鄭云刷除凌室當更納新冰者先鄭直云除舊納新不言秋涼而冰不用於理未當經旨故後鄭云秋涼冰不用可以清除其室至十二月自然更納新冰也

籩人掌四籩之實籩竹器如豆者其容實皆四升

疏籩人至之實釋曰言四籩謂下經朝事饋食加籩羞籩是也云之實者謂掌此四種籩中所實之物䵹蕡白黑之等是也○注籩竹至四升○釋曰鄭知籩是竹器者以其字竹下爲之亦依漢禮器制度而知也云如豆者皆面徑尺柄尺亦依漢禮知之也云其容實皆四升者據其籩之所受則曰容據其所實䵹蕡等則曰實故云容實皆四升亦約與豆四升同也

朝事之

籩其實麷蕡白黑形鹽膴鮑魚鱐蕡枲實也鄭司農云朝事謂清朝未食先進寒具口實之籩故麥曰麷麻曰蕡稻曰白黍曰黑築鹽以爲虎形謂之形鹽故春秋傳曰鹽虎形玄謂以司尊彝之職參之朝事謂祭宗廟薦血腥之事形鹽鹽之似虎者膴牒生魚爲大臠鮑者於楅室中糗乾之出於江淮也鱐者析乾之出東海王者備物近者腥之遠者乾之因其宜也今河間以北煑穜麥賣之名曰逢燕人膾魚方寸切其腴以啗所貴○麷芳弓反徐又芳勇反或郎第反蕡符文反徐蒲悶反膴火吳反鱐所求反枲思里反牒戚章涉反又直輙反楅皮逼反本又作煏同糗幹音乾又作乾析幹同穜直龍反又音童腴音臾啗劉徒覽反徐徒暫反

疏朝事至魚鱐○釋曰此言朝事謂祭宗廟二灌之後祝延尸於戶外后薦此八籩八籩者則麷爲熬麥一也蕡爲麻子二也白爲熬稻米三也黑爲熬黍米四也形鹽鹽似虎形五也膴以魚肉爲大臠六也鮑以魚於楅室糗乾之七也鱐爲乾魚八也○注蕡枲至所貴○釋曰云蕡枲實也者案喪服云苴經子夏傳云苴麻之有蕡蕡是麻之子實也又案疏衰裳齊牡麻經子夏傳云牡麻者枲麻也則枲麻謂雄麻也若然枲麻無實而解蕡爲枲實者舉其類耳謂若圓曰簞方曰笥不同

鄭注論語云箪笥舉類義同也鄭司農云朝事謂清朝未食先進寒具口實之籩者此先鄭不推上下文勢祭祀爲義直以爲生人所食解之故後鄭不從也云熬麥曰麷字從麥知麷爲熬麥也云麻曰蕡者已釋訖云稻曰白者以其稻米見白云黍曰黑者爾雅有秬黑黍故知黑是黍二者亦皆熬之乃可也已上後鄭從之云築鹽以爲虎形又引春秋傳曰者左氏僖三十年冬王使周公閱來聘饗有昌歜白黑形鹽服氏云昌歜昌本之菹辭曰國君文足昭也武可畏也則有備物之饗以象其德薦五味羞嘉穀鹽虎形服云剋形非是築剋爲之故後鄭不從也玄謂以司尊彝之職參之朝事謂祭宗廟薦血腥之事者案司尊彝職除二灌有朝踐饋獻爲食前二節彼又有朝獻再獻食後酳尸爲一節又參少牢主人酬尸宰夫羞房中之羞復爲一揔四節亦據祭宗廟故鄭云然也祭宗廟無血鄭云薦血腥者鄭注論語亦云禘祭之禮自血腥始皆謂毛以告純血以告殺是爲告殺時有血與朝踐薦腥同節故連言血耳非謂祭血也云形鹽鹽之似虎形者以爲自然似虎形此破先鄭築鹽爲虎形也云膴牒生魚爲大臠者牒已釋訖云鮑者於楅室中糗乾之出於江淮也者鄭以目驗知之言楅室者謂楅土爲室云鱐者析乾之出東海者上云夏行腒鱐鱐已釋訖言出東海者亦目驗知之

云王者備物近者腥之膴是也遠者乾之鮑及鱐是也因其宜者近宜濕遠宜乾也若然經鮑鱐二者魚在於中明二物皆魚云今河間以北煑穜麥賣之名曰逢引漢法證麷亦是熬煑之麥云燕人膾魚方寸切其腴以啗所貴者亦引時事證膴膴亦是腹腴以擬祭與啗貴者同也

饋食之籩其實棗㮚桃乾䕩榛實饋食薦孰也今吉禮存者特牲少牢諸侯之大夫士祭禮也不祼不薦血腥而自薦孰始是以皆云饋食之禮乾䕩乾梅也有桃諸梅諸是其乾者榛似栗而小○䕩音老徐力到反榛則巾反劉士鄰反少牢詩詔反凡言少牢皆放此祼古亂反

【疏】饋食至榛實○釋曰此謂朝踐薦腥後堂上更體其犬豕牛羊亯孰之時后先謂之饋食之籩也其八籩者其實棗一也栗二也桃三也乾䕩謂乾梅四也榛實五也其於八籩仍少三案乾䕩既爲乾梅經中桃是濕桃既有濕桃乾梅明别有乾桃則注引內則桃諸鄭云是其乾者既有濕桃明有濕梅可知以乾梅濕梅二者添五者爲七籩案桃梅既並有乾濕則棗中亦宜有乾濕復取一添前爲八也必知此五者之中有八者案儀禮特牲少牢士二籩二豆大夫四籩四豆諸侯宜六天子宜八醢人饋食之豆有八此饋食之籩言六不類又上文朝事之籩言八下加

籩亦八豈此饋食在其中六乎數事不可故以義參之爲八若不如此任賢者裁之也○注饋食至而小○釋曰云饋食薦孰也者謂於堂上饋孰之時后薦之云今吉禮存者吉禮謂祭祀以其天子諸侯祭祀之禮亡故云存者云特牲少牢諸侯之大夫士祭禮也者以天子大夫大牢祭今用特牲少牢故知諸侯大夫士祭禮也云不祼不薦血腥者若天子諸侯則有室中二祼堂上朝踐薦血腥之禮大夫則無此二者也云而自薦孰始是以皆云饋食之禮者天子諸侯大夫士雖同名饋食仍有少别何者天子諸侯尸食前仍有饋獻二是饋孰陰厭陰厭後尸入室食乃獻大夫士則饋孰與黍稷爲陰厭陰厭前無饋獻以此爲異耳云乾藤乾梅也者以經乾藤上有桃故知乾藤乾梅也云有桃諸梅諸者内則文而鄭引之者證乾藤中有乾桃乾梅故云是其乾者云榛似栗而小者今居山者見食之似栗而小亦目驗知之

加籩之實蔆。芡㮚脯蔆。芡㮚脯加籩謂尸既食后亞獻尸所加之籩重言之者以四物爲八籩蔆芰也芡雞頭也栗與饋食同鄭司農云。蔆芡脯脩○蔆音陵芡音儉㮚古栗字重直用反芰其寄反

［疏］加籩至㮚脯○釋曰此加籩當尸食後王酳尸后亞王酳尸於時薦之四物重言之則八籩○注加

籩至脯脩○釋曰知籩是尸旣食后亞獻尸所加之籩者案春官內宗云掌宗廟之祭祀薦加豆籩以其內宗所薦明主於后又見特牲主婦獻尸云宗婦執兩籩於戶外主婦受設於敦南主人獻尸之時不見有設籩之事故知唯主於后也少牢主婦不設籩者以其當日賓尸故也其下大夫不賓尸者亦與士同也云蔆芰也者屈到嗜芰即蔆角者也云芡雞頭也者俗有二名今人或謂之鴈頭也先鄭云蔆芡脯脩者先鄭意惟饋食重言故爲脩替栗得爲一義故引之在下也

羞籩之實糗餌粉餈羞籩謂若少牢主人酬尸宰夫羞房中之羞于尸侑主人主婦皆右之者故書餈作茨鄭司農云糗熬大豆與米也粉豆屑也茨字或作餈謂乾餌餅之也玄謂此二物皆粉稻米黍米所爲也合蒸曰餌餅之曰餈糗者擣粉熬大豆爲餌餈之黏著以粉之耳餌言糗餈言粉互相足○餌而志反餈咋資反餅必領反爲餌于僞反下文同黏女廉反著直略反

〔疏〕羞籩至粉餈○釋曰此當王酬尸內饔進之於尸侑等者也云糗餌粉餈者此爲二籩糗與粉爲一物恐餌餈黏著籩故分于二籩之下○注羞籩至相足○釋曰言羞籩謂若少牢主人酬尸宰夫羞房中之羞于尸侑主人主婦皆右之者天子祭祀之禮亡故取少牢大夫禮解之案有司徹上大夫

當日賓尸正祭不設內羞故於賓尸設之此天子之禮賓尸在明日則祭祀日當設之案少牢下大夫不賓尸者賓長致爵受酢云宰夫羞房中之羞司士羞庶羞于尸祝主人主婦內羞在右庶羞在左天子之禮賓長受酢後亦當設此內羞庶羞于尸祝及王與后然鄭不引不賓尸而引賓尸者以其設內羞之禮同故秪引其一但正祭設於祝賓尸設於侑又賓尸主人酬尸後正祭賓長受酢後爲異耳云故書餈作茨者此宜從食不得從草故先鄭破之從經爲正鄭司農云糗熬大豆與米也粉豆屑也並於義是但於義不足故後鄭增成之云茨字或作餈者謂故書亦有作次下食者云謂乾餌餅之也者餅之曰餈未正乾之言故後鄭不從玄謂此二物皆粉稻米黍米所爲者者據當時目驗而知云合蒸曰餌餅之曰餈者謂粉稻米黍米合以爲餌餌既不餅明餅之曰餈今之餈餻皆解之名出於此云糗者擣粉熬大豆者此與司農義同司農不言擣故後鄭增成之云餌言糗餈言粉互相足者此本一物餌言糗謂熬之亦粉之餈言粉擣之亦糗之凡言互者據兩物相互今一物之上自相互直是理不足明故言互相足內則注擣熬穀穀則大豆也穀摠名也

凡祭祀共其籩薦羞之實 薦羞皆進也未食未飲曰薦既食既飲曰羞 疏

凡祭祀言凡者謂四時禘祫等皆共其籩籩則薦羞之實是也○注薦羞至曰羞○釋曰云未食未飲曰薦者先薦後獻祭祀也據朝踐饋獻時未獻前所薦籩豆朝事饋食之籩是也云既食既飲曰羞者謂尸食後酳尸訖所進羞即加籩之實是也**喪事及賓客之事共其薦籩羞籩**喪事之籩謂殷奠時〈疏〉喪事至羞籩○釋曰喪事謂大奠時賓客之事謂享燕時亦共其薦籩羞籩○注喪事至奠時○釋曰殷尤大也大奠朔月月半薦新祖奠遣奠之類也**爲王及后世子共其内羞**於其飲食以共房中之羞〈疏〉注於其至之羞○釋曰言凡共后世子飲食之時用房中之羞**凡籩事掌之**

附釋音周禮注疏卷第五

奉盦盧氏宣旬校正

大清嘉慶二十年重
用文選樓藏本校

知南昌府張敦仁署鄱陽縣候補知州周澍栞

周禮注疏卷五校勘記

阮元撰盧宣旬摘録

附釋音周禮注疏卷第五　唐石經周禮卷第二宋本余本嘉靖本同此本及閩監毛本删此題下準此不具著

天官冢宰下　諸本同釋文作天官下云本亦作天官冢宰下唐石經作天官冢宰下第二非

周禮　鄭氏注　唐石經宋本余本嘉靖本同此本删周禮二字增賈公彦疏四字閩監毛本同鄭字賈字上又增漢唐字每卷準此

醫師

若藥不瞑眩厥疾不瘳　閩監毛本同岳本嘉靖本作藥不瞑眩厥疾無瘳宋本作藥不瞑眩厥疾弗瘳惠棟云余本仍有若字不瘳作無瘳音義同案賈疏作藥不瞑眩厥疾不瘳葉鈔釋文作無瘳以多者言之若衍不當作無

惠乃治也　惠按本治作洽此誤

疕瘍者　唐石經作有疕瘍者石經考文提要云下獸醫凡獸之有病者有瘍者亦疊有字惠棟云宋王與之周禮訂義有有字宋本注疏無

云以制其食　浦鏜云下當脱者

神農黄帝食藥七卷　浦鏜云禁誤藥

以通開結反之於此乃失其宜者　盧文弨云閉誤開下脱解半誤此及誤乃

惠棟云宋本誤皆同

積氣内傷　案漢書積作精此誤

食醫

堇荁枌榆娩槁　浦鏜云娩槁内則作免薧案釋文免字音問注同新生曰免薧字又作槀苦老反乾

也當作娩音問新生曰免稿字又作稾據羣經音辨女部云娩桒之新生者也亾運切禮娩橋滫瀡鄭康成讀是賈氏所見禮記釋文本作娩槁也橋當槁字形近之譌○按詩山有橋松鄭讀爲槁橋松賈所見內則釋文作橋也娩新生者槁乾也齊人溲曰滫秦人滑曰瀡今禮記注娩作免槁作藳齊秦字互易皆非也當據此正之

犬宜粱　唐石經嘉靖本閩本同余本監本毛本粱作梁非疏中從米不誤

疾醫

四時皆有癘疾　唐石經諸本同岳本癘改厲非

冬時有漱上氣疾　唐石經諸本漱作嗽案說文無嗽字此本注及疏仍作嗽釋文嗽本亦作欶字按作欶爲是

痟酸削也　說文痟酸痟頭痛从疒肖聲周禮曰春時有痟首疾案許鄭義同酸痟頭痛當作酸削頭痛

六癘作見　毛本六誤大

惟火沴金　盧文弨云火當作木此是衝氣不論生尅不知疏家誤改抑挍刊之失當以本書及漢五行志正之

惟土沴水　盧文弨云土當作火

若據五事所置言之　浦鏜云置當致誤

病由氣勝負而生　宋本由作猶案疏云故言猶氣勝負而生皆由之誤

攻其羸　余本羸作嬴載音義同釋文其嬴音盈此本疏云嬴而勝也嬴卽嬴之誤今本注疏悉改作嬴矣

卽是水水羸而勝也　閩監毛本羸作嬴惠棟本作水嬴此誤

草謂麻黃勺藥之類是也　閩監毛本勺改芍案詩溱洧作勺藥

子義本草經一卷　閩本同監毛本義改儀非

則炎帝者也　浦鏜云者當是之誤

五藏所出氣也　諸本同釋文五藏才浪反下文及注同嘉靖本作五臟俗字

肺氣熱　余本同誤也嘉靖本作肺氣熱閩監毛本亦作肺當據正

心位當土　閩本同監毛本土誤上案此言心位當中央土也

云五色面貌之青赤黃白黑者也　惠挍本貌作皃

大古有岐伯榆附　閩監毛本作榆柎浦鏜云漢志作俞柎

又有胃旁胱　宋本岳本嘉靖本同閩監毛本旁改爲膀俗字疏中準此

大腸爲行道之府　案素問作傳導之府

旁胱爲津滴之府　閩本亦作津滴監毛本滴改液

下氣象天故故寫而不實　惠挍本同閩本上故實闕監毛本作○

以疾醫中士二人　浦鏜云八誤二

似不得壽終然少曰死　浦鏜云少當故字誤

瘍醫

折瘍之祝藥　唐石經諸本同釋文折瘍劉本作㓱同經義雜記云說文艸部㓱斷也从斤斷艸譚長說㓱籀文斵从艸在仌中仌寒故㓱折篆文㓱从手然則今用折字者從小篆也劉昌宗本作㓱爲古文當從之禮說云墨子非攻中篇曰今有醫於此和合其祝藥之於天下之有病者而藥之萬人食此若醫四五人得利焉猶謂之非行藥也然則祝藥猶行藥也俗本墨子刪祝字

祝當爲注讀如注病之注　禮說云釋名注病一人死一人復得氣相灌注也古文假借多取音同函人甲屬匠人水屬注皆云屬讀爲注左傳韎韋之跗注賈服皆云注屬也祝屬通

刮刮去膿血　嘉靖本同閩監毛本上刮依經改劀非釋文劀音刮本注也說文劀刮去惡創肉也周禮

曰劀殺之齊亦訓劀爲刮與鄭義同○按說文劀刮異義鄭君謂爲一字

今醫方有五毒之藥　此本補刻方誤人今據諸本訂正

合黃堥置石膽丹砂　釋文堥本又作𤭛嘉靖本砂作沙惠士奇云內則敦牟注牟讀曰堥也

皆用黃瓦甂爲之　惠按本甂作甌案甌蓋甂之誤○按甂者唐人所用俗缶字缶瓦器也今之瓶耳惠棟多有自出己意而非是者

五氣當爲五穀　禮說云史記軒轅治五氣本內經岐伯曰天食人以五氣地食人以五味五氣入鼻藏於心肺五味入口藏於腸胃味有所藏以養五氣氣和而生津液相成神乃自生九經古義云內經五穀爲養五果爲助五菜爲充故鄭據此

此卽經酸苦之等是也　補鏜云此卽當誤倒

平常調食　惠按本作服食此誤

獸醫

故嘗獸連言之也　惠挍本作嘗獸此誤

故先灌而知緩之　浦鏜云知當和字誤

酒正

麴糵必時湛饎必潔　此本糵誤蘖今據諸本訂正余本嘉靖本潔作絜浦鏜云饎月令作熾○按漢人祇用絜無用潔者

鄭司農云授酒人以其材　余本嘉靖本鄭司農云下有授酒材三字宋本亦無

則是久熟者善　惠挍本熟作孰

成而翁翁然葱白色　宋本嘉靖本同閩監毛本葱作蔥非

如今下酒矣　諸本同盧文弨云初學記引作若下酒是也西京雜記載鄒陽酒賦亦有程鄉若下語則

今湖州之上若下若也

又禮器曰緹酒之用朱本嘉靖本又下空闕一字浦鏜云禮器緹作醍

泛讀如泛泛楊州之泛閩本同毛本州改舟是也監毛本楊作揚非也

謂曹床下酒閩監本同毛本床改牀惠挍本曹作漕案漢制考作曹床

案鄭下注五伯緹衣浦鏜云伍誤五

物者財也浦鏜云財疑材下給財同

故晉語云味厚寔昔毒案周語下作厚味寔腊毒韋解腊讀若昔

洗湎干日魏都賦作流湎此誤閩監毛本改沈湎非惠挍本亦作沈◎按作沈是也今文選作流誤字也沈湎者貌其大醉作流則無義矣初學記引韓詩曰齊顏色均衆寡曰沈閉門不出客曰湎今本初學記奪客字李善於此注引韓詩章句曰均衆謂之流閉門不出客謂之湎譌舛不可讀當以初學記正之初學記

少客字當以毛詩音義補之

醫之字從殹從酉省也 釋文殹本或作毉惠挍本酉作酒經義雜記云賈疏云從殹省者去羽從酉省者去水則賈疏本作從殹從酉省也說文酉部云醫治病工也醫之性得酒而使从酉酒所以治病也周禮有醫酒

稻醴清醩黍醴清醩粱醴清醩 漢讀考云今內則醩作糟疑是用周禮改也司農云糟音聲與醩相似謂之相似則非一字也醩之本義當是艸類從艸酒聲故沈重音子由反糟曹聲古讀如揫同在第三部糟是正字醩是假借字

漿水臆 宋本嘉靖本臆作醷下同惠棟云萬卷堂本此仍作臆下作醷案葉鈔釋文云臆本又作醷宋本注載音義云醷本又作臆內則釋文作醷本又作臆漢讀考云醷是正字臆是假借字今本內則作醷者俗製也

醫與臆亦相似 宋本嘉靖本臆作醷又宋本無亦字

醷當此經中醫　閩本同與宋本注正合監毛本醷改臆下云醫與醷亦相似又內則醷準此

內則彼云湆此云糟　當作內則彼云糟此云湆

大祭三貳　唐石經諸本同毛本大作太非

元酒在室醴醆在戶粢醍在堂澄酒在下澄酒是三酒也

釋文醍本亦作緹賈疏云鄭注趙商問禮運注澄是沈齊今此注澄酒是三酒何鄭荅今解可去澄字若然鄭本此注直云酒是三酒無澄字有者誤漢讀考云注謂澄酒之酒是三酒以別於上文元酒之酒鄭荅趙商蓋忘其有澄字之意矣賈云本無澄字誤也

舉其正尊而言也　惠挍本正作在

謂三酒之祭副益酒尊　惠挍本酒作等此非此本下四字實闕閩監毛本臆作事昔清尊今據惠挍宋本補

故言皆酌　惠挍本作皆有酌

有口齊酒不貳者　閩本同監毛本作言惟齊酒不貳者

之皆有器量者　惠挍本之作云此誤又闕器量二字據閩監毛本補

注酌至品　案當作注酌器至多品

三貳三益副之也皆　浦鏜云者誤皆

子春後鄭亦與之同　此本同誤國據惠挍本訂正閩監毛本改辨非

宗廟亦有次小　此本下二字實缺今據惠挍本補閩監毛本改大祭非

謂弟子口口口　閩本同缺下三字監本毛本作事師師浦鏜疑作事師長

弟子用注周旋而貳者　惠挍本用注作來往此誤

不見宗廟小祭　惠挍本下有者

若然則禮器云惠按本則作按

按司服山川服毳冕五獻惠按本司服下有四望二字

故與宗廟同用握惠按本作角握

是云引郊特牲云浦鏜云上云當作以

謂若致饗餼惠按本饗作饔

夫妻片合浦鏜云片當作胖語本喪服傳○按喪服傳本作片合今本作胖乃俗人以片半二字合而爲之此疏云夫妻片合正可據以校正

濵尊卑之差閩監毛本同宋本余本嘉靖本濵作法此非

八十月告存此本存誤有今據諸本訂正疏中同

謂日日有秩監本誤日月

酒人

謂宮卿之官掌女宮之宿戒 宋本作謂宮卿之宮掌女官之宿戒誤也

云以役世婦者屬春官宮卿官也 惠挍本閩本同監毛本云誤因此本春官誤春官今訂正

而使人各以其爵以酬幣侑幣致之 宋本余本嘉靖本閩本同監本各誤名侑幣誤作弊毛本亦誤

云此謂給賞之稍者 浦鏜云賓客二字誤賞

謂酒人以酒從使人欲往客館 浦鏜云欲疑而字誤

漿人

醫酏使其士奉之 浦鏜云醫酏下脫糟皆二字

凌人

掌冰正歲十有二月 唐石經諸本同漢讀考云此鄭君用杜說改政爲正下屬也考周禮全書凡言歲者皆謂夏正也言正歲者皆謂寅月言歲終十有二月者皆謂丑月此言歲十二月爲夏正已明不必加正字以混全書司農從故書掌冰政爲長

謂應十石加至四十石 案注三倍其冰則應十石者三倍之爲三十石云四十石誤也

此經直云膳羞 閩本同監毛本云作言

王禮之以飱及饔餼 閩監本同毛本飱饔○按飱當作飧

實冰于夷槃中 案于當作於監毛本于誤干

皆依尸而爲言者也 案宋本無者案疏云是皆依尸而爲言也亦無者諸本蓋衍

喪大記云君設大槃 浦鏜云記槃作盤案閩本此下三槃字皆先作盤後改槃此本下句

士併瓦盤盤字從皿此改之未盡者監毛本則盡作槃矣○按槃从木小篆也盤從皿籀文也本是一字

不敢與天子同名夷盤閩本同監毛本盤改槃下大槃夷盤同

籩人

鮑者於楅室中糗乾之宋本余本嘉靖本同閩監毛本楅作福非疏中同案漢制考引此注作楅葉鈔釋文及宋本注載音義云楅本又作煏同今通志堂本作楅非釋文糗幹音乾又作乾析幹同案賈疏本亦作乾經乾𧀼字作乾陸本作幹殆非○按說文作稪籀作稪作楅作煏皆省而譌作楅則更譌矣

服云剋形非是築刻爲之閩本同監毛本剋改尅○按此處有譌

言楅室者謂楅土爲室漢制考同閩監毛本楅改福

云今河間以北煑穜麥賣之閩監毛本煑作煮案煑當炙字之誤賈疏所據注蓋本作炙穜麥也監毛本穜作秋誤

二是饋孰陰厭　浦鏜云一誤二

蔆芡㮨脯　監毛本同唐石經余本嘉靖本閩本蔆皆作菱從水此從冫非釋文蔆音陵此本注中仍作蔆

鄭司農云蔆芡脯脩　漢讀考云司農云下脫當言二字謂蔆芡栗脯脩栗與饋食複故易之

賓尸設於侑　此本設誤故今據閩監毛本訂正

今之餈餻皆解之名出於此　閩監毛本餻作糕案玉篇食部餻古刀切餻糜此賈疏舉唐制以釋注也段玉裁云解當餅字之誤

周禮注疏卷五挍勘記終

南昌袁泰開挍

附釋音周禮注疏卷第六

鄭氏注　賈公彥疏

醢人掌四豆之實朝事之豆其實韭菹醓醢昌本麋臡菁菹鹿臡茆菹麋臡醓肉汁也昌本昌蒲根切之四寸爲菹三臡亦醢也作醢及臡者必先膊乾其肉乃後莝之雜以粱麴及鹽漬以美酒塗置甁中百日則成矣鄭司農云麋臡麋骭髓醢或曰麋臡醬也有骨爲臡無骨爲醢菁菹韭菹鄭大夫讀茆爲茅茅菹茅初生或曰茆水草杜子春讀茆爲卯玄謂菁蔓菁也茆鳧葵也凡菹醢皆以氣味相成其狀未聞○韭音久菹莊魚反醓吐感反本又作監或一音昌審反臡乃兮反又人齊反菁作寧反又音精茆音卯北人音柳麋京倫反膊普博反莝倉臥反骭戶諫反徐戶幹反蔓音萬又莫干反徐音鑽【疏】醢人至麋臡○釋曰言四豆之實者豆與籩並設節數與四籩同時亦謂朝事饋食加豆羞豆之實是也言朝事之豆者亦謂朝踐節云其實韭菹醓醢者於豆內韲菹之類菜肉通全物若牒爲菹細切爲韲又

不言菹者皆是齏則昌本之類是也言昌本本根也昌蒲根爲齏言麋臡者以麋肉爲醢以其并骨爲之則曰臡菁菹鹿臡茆菹麇臡爲八豆並后設之○注醢肉至未聞○釋曰言醓肉汁者醓者以肉爲之醢汁即是肉汁云昌本昌蒲根者本訓根云切之四寸爲菹者但菹四寸無正文蓋以一握爲限一握則四寸也即是全物若牒云作醢及臡已下者鄭以當時之法解之案王制云一爲乾豆鄭注云謂腊之以爲祭祀豆實也脯非豆實亦謂作醢始得在豆與此先脯乾其肉義合鄭司農云麋臡麋骭髓醢此義後鄭不從云或曰麋臡醬也有骨爲臡無骨爲醢後鄭從之又菁菹韭菹者以菁爲韭菁於義不可後鄭不從若爲菲字菲則蔓菁於義爲是後鄭不應破之明本作韭不作菲也鄭大夫讀茆爲茅茅菹茅初生者茅草非人可食之物不堪爲菹或曰茆水草後鄭從之杜子春讀茆爲卯於義亦是玄謂菁蔓菁者破司農爲韭菁云茆鳧葵也者增成子春等義云凡菹醢皆以氣味相成其狀未聞者經云韭菹醓醢已下兩兩相配者皆是氣味相成之狀不可知故云其狀未聞

饋食之豆其實葵菹蠃醢脾析蠯醢蜃蚳醢豚拍魚醢蠃螔蝓蜃大蛤蚳蛾子鄭司農云脾析牛百葉也蠯

蛤也鄭大夫杜子春皆以拍爲膊謂脅也或曰豚拍肩也今河間名豚脅聲如鍛鎛○蠃力禾反髀婢支反徐蒲佳反析星歷反蠯蒲加反徐薄雞反蜃音市軫反拍音博蜌音移又音夷蝓音揄又音由蛤音閤蛾音魚綺反膊音博下鎛同

疏　饋食至魚醢○釋曰言饋食之豆者亦與饋食之籩同時而薦其實葵菹蠃醢者此八豆之内脾析蜃豚拍三者不言菹皆虀也○注蠃蜌至鍛鎛○釋曰言蠃蜌蝓蜃大蛤蚳蛾子皆爾雅文鄭司農云脾析牛百葉也者無正文可破故後鄭從之云蠯蛤也者謂小蛤亦於鼈人釋訖鄭大夫杜子春皆以拍爲膊謂脅也者此釋經豚拍謂豚脅也云或曰豚拍肩也者謂豚肩也云今河間名豚脅聲如鍛鎛者此子春等二人雖復爲豚肩解之仍從前豚脅爲義故云聲如豚拍

加豆之實芹菹兔醢深蒲醓醢箈菹鴈醢筍菹魚醢　芹楚葵也鄭司農云深蒲蒲蒻入水深故曰深蒲或曰深蒲桑耳醓醢肉醬也箈水中魚衣故書鴈或爲鵠杜子春云當爲鴈玄謂深蒲蒲始生水中子箈箭萌筍竹萌○芹音勤徐又音謹說文作莶云菜類蒿也音謹箈音迨爾雅作篙同司農云水中魚衣也當徒來反沈云北人音禿改反又文之反未知所出筍息尹反蒻音若

〔疏〕加豆至魚醢○釋曰此加豆之實亦與加籩之實同時設之深蒲醓醢者深蒲謂蒲入水深以爲葅醓醢與朝事之豆同箈葅者謂以箈箭萌爲葅也云箈葅者謂竹萌爲葅也○注芹楚至竹萌○釋曰芹楚葵出爾雅鄭司農云深蒲蒲蒻入水深故曰深蒲者史游急就章云蒲蒻藺席蒲蒻只堪爲席不可爲葅故後鄭不從云或曰深蒲桑耳者既名爲蒲何得更爲桑耳故後鄭亦不從云箈水中魚衣者此箈字既○下爲之非是水物不得爲魚衣故後鄭不從玄謂深蒲蒲始生水中子者此後鄭以時事而知破先鄭也云箈箭萌者一名篠者也筍竹萌者一名簜者也萌皆謂新生者也見今皆爲葅

羞豆之實酏食糝食 鄭司農云酏食以酒酏爲餅糝食菜餗蒸玄謂酏餈也內則曰取稻米舉糔溲之小切狼臅膏以與稻米爲餈又曰糝取牛羊豕之肉三如一小切之與稻米稻米二肉一合以爲餌煎之○酏食音嗣下同糝素感反餗音速餈之然反糔思柳反劉相早反徐相幼反溲所柳反臅昌蜀反一音粟

〔疏〕羞豆至糝食○釋曰此羞豆之實亦與羞籩之實同特設之言酏食者謂餈與糝食爲二豆○注鄭司至煎之釋曰司農云酏食以酒酏爲餅者酏粥也以酒酏爲餅若今起膠餅文無所出故後鄭不從云糝食菜餗蒸者若今煮菜

謂之蒸菜也亦文無所出後鄭亦不從玄謂醓䤈也者案雜問志云內則䤈次糝周禮醓次糝又醓在六飲中不合在豆且內則有䤈無醓周禮有醓無䤈明醓䤈是一也故破醓從䤈也又引內則曰取稻米舉糔溲之者案彼上注舉猶皆也糔溲博異語謂取稻米皆糔之云小切狼臅膏者鄭彼注狼臅膏臆中膏也云以與稻米爲䤈者彼鄭云若今膏𩟔矣又曰糝取牛羊豕之肉三如一者三肉等分云小切之者謂細切之云與稻米稻米二肉一者謂米二分肉一分合以爲餌煎之也䤈糝二者皆有肉內則文故不從先鄭然則上有糗餌彼餌無肉則入籩此餌米肉俱有名之爲糝即入豆案易鼎卦九四鼎折足覆公餗其刑渥凶鄭注云糝謂之餗震爲竹竹萌曰筍筍者餗之爲菜也是八珍之食臣下曠官失君之美道當刑之於屋中案上膳夫注八珍取肝膋不取糝鄭注易糝又入八珍中者以其糝若有菜則入八珍不須肝膋若糝無菜則入羞豆此文所引是也八珍則數肝膋故注不同

凡祭祀共其薦羞之豆實賓客喪紀亦如之爲王及后世子共其內羞王舉則共醢六十罋以五齊七醢七菹三

臡實之齊當爲齏五齏昌本脾析蜃豚拍深蒲也七醢醓
蠃蠯蚳魚兎鴈醢七菹韭菁茆葵芹菭筍菹三臡
麋鹿麋臡也凡醢醬所和細切爲齏全物若牒爲菹少儀曰
麋鹿爲菹野豕爲軒皆牒而不切麋爲辟雞兎爲宛脾皆牒
而切之切葱若薤實之醢以柔之由此言之則齏菹之稱菜
肉通○爲王于僞反齊徐劉子西反下同沈才細反牒直輒
反少儀時照反軒音獻皆牒之涉反本或作膈下同辟必亦
反又音檗宛於阮反又音於月反醢呼兮反稱音尺證反
凡祭至食之○釋曰凡祭至內羞一與籩人同上已釋
【疏】訖王舉則共醢六十罋此已下與籩人異以其王舉不
共籩實唯有豆實王舉謂王日一舉鼎十有二則醢人共醢
六十罋以醢爲主其實有五齏七菹等○注齊當至內通○
釋曰五齏昌本至深蒲此據豆內不言菹者皆是齏以次數
之有此五齏而已七醢從醓醢至鴈醢加豆朝事醢有二唯
取一則合此七也七菹者亦從朝事至加豆已上有七三臡
者唯朝事之豆有此三云凡醢醬所和者據此五齏七菹皆
須醢醬所和據醢人所掌五齏七菹是也云細切爲齏全物
若牒爲菹者據上朝事饋食加豆之內有齏菹不同鄭君欲
引少儀爲證故先言此云少儀曰麋鹿爲菹野豕爲軒皆牒
而不切者既言牒而不切則野豕爲軒亦菹類云麋爲辟雞

兎爲宛脾皆牒而切之者此謂報切節皆韲類云切葱若薤實之醢以柔之者謂殺其氣云由此言之則韲菹之稱菜肉通者鄭案三豆之内七菹皆菜無肉五韲之内菜肉相兼若據少儀韲菹之稱菜肉通也**賓客之禮共醢五十罋**致饔餼時**凡事共醢**〔疏〕賓客至共醢○釋曰賓客謂五等諸侯來朝也天子致饔餼與之醢故鄭云致饔餼時也案掌客上公之禮醯醢百有二十罋侯伯百罋子男八十罋此共醢五十罋并醯人所共醯五十罋共爲百罋此據侯伯饔餼之禮舉中言之明兼有上公與子男若然上公百二十罋與王數同者據二王之後王所尊敬者而言其同姓諸侯唯魯得與二王後同其餘同姓雖車服如上公從侯伯百罋而已又案掌客上公已下並是諸侯自相待法天子待諸侯亦與之同又案聘禮待聘臣亦云醯醢百罋得與諸侯同者彼別爲臣禮禮有損之而益故子男之卿百罋其數多於君

醯人掌共五齊七菹凡醯物以共祭祀之齊菹凡醯醬之物賓客亦如之齊菹醬屬醯人者皆須醯成味○齊子兮

反下之齊共齊醬齊皆同 王舉則共六齊菹醯物六十罋其后及世子之醬齊菹賓客之禮共醯五十罋凡事共醯 疏 醯人至共醯○釋曰云掌共五齊七菹凡醯物者此乃是醯人所掌豆實今在此者鄭云齊菹醬皆須醯成味故與醯人共掌云以共祭祀之齊菹凡醯醬之物者醯人連言醬者并豆醬亦掌言賓客亦如之者下經云賓客之禮據饔餼此云賓客據饗食致之云王舉則共齊菹醯物六十罋者并醯人六十罋者并醯人六十罋即膳夫醬用百有二十罋是也云共后及世子之醬齊菹者案醯人共其內羞不言齊菹此云齏菹以其與醯人共掌齏菹須醯故就醯人爲言云賓客之禮共醯五十罋者與醯人五十罋揔共爲百罋亦據侯伯舉中言之

鹽人掌鹽之政令以共百事之鹽 政令謂受入教所處置求者所當得 疏 注政令至當得○釋曰政令謂受入教所處置者謂四方鹽來鹽有數種處置不同故云受入教所處置也 祭祀共其苦鹽散鹽 杜子春讀苦爲盬謂出鹽直用不湅治鄭司農云散

鹽湅治者玄謂散鹽鬻水爲鹽○苦音監工戶反出注散悉但反下同湅音練下同齊才細反鬻音煮監音古〔疏〕祭祀至散鹽○釋曰苦當爲盬盬謂出於鹽池今之顆鹽是也散鹽煮水爲之出於東海○注杜子至爲鹽○釋曰杜子春讀苦爲盬者盬鹹非苦故破苦爲盬見今海傍出鹽之處謂之鹽云直用不湅治者對下經鬻鹽是湅治者也鄭司農云散鹽湅治者下經自有鬻鹽是湅治故後鄭不從

賓客共其形鹽散鹽 形鹽鹽之似虎形〔疏〕注形鹽至虎形○釋曰此形鹽即左氏傳鹽虎形是也籩人已釋訖

王之膳羞共飴鹽后及世子亦如之 飴鹽鹽之恬者今戎鹽有焉〔疏〕鹽飴鹽至有焉○釋曰言飴鹽故云鹽之恬者云今戎鹽有焉者即石鹽是也

凡齊事鬻鹽以待戒令 齊事和五味之事鬻鹽湅治之〔疏〕注齊事至治之○釋曰言齊事者謂若食醫春多酸夏多苦之類是也今湅治鹽以待戒令則齊和之

冪人掌共巾冪 共巾可以覆物○冪莫歷反〔疏〕冪人掌共巾冪釋曰巾者則下

經王巾皆黼是也冪者則冪八尊之類是也○注共巾可以覆物○釋曰據經巾冪俱有鄭唯言共巾可以覆物不言冪者但冪唯祇覆物其巾則兼以拭物故特解巾可以覆物者也

祭祀以疏布巾冪八尊以疏布者天地之神尚質【疏】祭祀至八尊○釋曰祭天無灌唯有為冪覆此八尊故云疏布冪八尊此據正尊而言若五齊加明水三酒加玄酒則十六尊皆以疏布冪之也○注以疏至尚質○釋曰鄭知此經祭祀是天地之神者以其下經畫布冪六彝是宗廟之祭用六彝即知此疏布冪八尊無祼是天地可知又見禮器云大路素而越席疏布冪彼皆據祭天則疏布是祭天地可知舉天地則四望山川社稷林澤皆用疏布皆是尚質之義也

以畫布巾冪六彝宗廟可以文畫者畫其雲氣與○與音餘【疏】以畫至六彝○釋曰言六彝者雞彝鳥彝斝彝黃彝虎彝蜼彝此六彝皆盛鬱鬯以畫布冪之故云畫布冪六彝此舉六彝對上經八尊無鬱鬯以言宗廟有鬱鬯其實天地亦有秬鬯之彝用疏布宗廟亦有八尊亦用畫布互舉以明義也○注宗廟至氣與○釋曰言宗廟可以文者以其用畫布對上疏布為質故言宗廟可以文云畫者畫其雲氣與者三禮通

例所言畫者解畫皆以爲畫雲氣謂畫爲五色之雲俱無正文故言與以疑之**凡王巾皆黼**四飲三酒皆畫黼周尚武其用文德則黻可○黼音甫〔疏〕凡王巾皆黼○釋曰凡王之言覆物之巾皆用黼文覆之言凡非一四飲三酒之外籩豆俎簋之屬皆用之○注四飲至黻可○釋曰言四飲三酒皆畫黼者鄭據酒正之文而言其實酒飲之外巾皆用黼黼者白與黑作斧文取今斧斷割之義云周尚武者周以武得天下故云尚武故用黼也云其用文德則黻可者謂若夏以揖讓得天下是文定天下則當用黑與青謂之黻兩已相背也若然易云湯武革命殷亦以武得天下則亦用黼耳

宮人掌王之六寢之脩六寢者路寢一小寢五玉藻曰朝辨色始入君日出而視朝退適路寢聽政使人視大夫大夫退然後適小寢釋服是路寢以治事小寢以時燕息焉春秋書魯莊公薨于路寢僖公薨于小寢是則人君非一寢明矣○脩劉音修本亦作修朝且遥反辨如字本又作别彼列反〔疏〕宮人至之脩○釋曰案守祧職其廟則有司脩除之其祧則守祧黝堊之鄭注云脩除黝堊互言之此雖不主脩亦是掃除○

注六寢至明矣○釋曰云六寢者路寢一小寢五者路寢制如明堂以聽政路大也人君所居皆曰路又引玉藻曰朝辨色始入者謂羣臣昧爽至門外辨色始入應門云君日出而視朝者尊者體盤故日出始出路門而視朝退適路寢聽政者謂路門外朝罷乃退適路寢以聽政云使人視大夫大夫退然後適小寢釋服者朝罷君退適路寢之時大夫各鄉治事之處君使人視大夫大夫退還舍君然後適小寢釋去朝服服玄端又引春秋者左氏莊公三十二年公薨于路寢得其正僖公三十三年公薨于小寢譏其即安云是則人君非一寢明矣言此者時有不信周禮故引諸文以證之若然所引者皆諸侯法天子六寢則諸侯當三寢亦路寢一燕寢一側室一內則所云者是也

爲其井匽除其不蠲去其惡臭

井漏井所以受水潦蠲猶絜也詩云吉蠲爲饎鄭司農云匽路廁也玄謂匽猪謂霤下之池受畜水而流之者○匽於建反徐音偃蠲音圭又古玄反去起呂反饎大志反霤力救反畜勑六反

疏 爲其至惡臭○釋曰謂於宮中爲漏井以受穢又爲匽豬使四邊流水入焉井匽二者皆所以除其不蠲潔○又去其惡臭之物○注井漏至之者○釋曰引詩云吉蠲爲饎案秋官蜡氏云大祭祀令州里除不蠲注云蠲讀如吉

圭惟饎之圭圭絜也此云蠲彼注云圭不同者彼蓋是三家詩故與此不同司農云匽路厠後鄭不從者以其匽字與視匽豬同故不從後鄭以爲霤下之池受畜水乃後流去之**共王之沐浴**沐浴所以自潔清○清戚才性反本亦作淸〔疏〕共王之沐浴○釋曰宮人掌絜清之事沐用潘浴用湯亦是自絜清之事**凡寢中之事埽除執燭共鑪炭凡勞事**勞事勞褻之事**四方之舍事亦如之**從王適四方及會同所舍〔疏〕四方至如之○釋曰爲王巡守征伐及會同所舍之處言亦如之者亦如上掌凡勞褻之事

掌舍掌王之會同之舍設梐枑再重故書枑爲柜○鄭司農云梐榱梐也枑受居溜水涑橐者也杜子春讀爲梐枑梐枑謂行馬玄謂行馬再重者以周備有外內列○梐步禮反枑戶故反重直龍反下同柜音矩下同徐胡故反榱音衰戚疏關反居舉慮反留力救反涑徐劉色溝反戚色胄反橐當洛反〔疏〕掌舍至再重○釋曰言掌王之會同之舍者王會同者謂時見曰會殷見曰同皆爲壇於國外與諸侯相

見而命以致禁之事焉王至壇所舍息也云設梐枑再重者梐枑謂行馬再重者謂外內兩重設之○注故書至內列○釋曰掌舍掌閑衛不掌絜淨之事又行止之處未即有蟲可涑先鄭輒依故書拒而爲溜水涑櫜又拒非必是受溜水之物於義未可故後鄭不從從子春爲行馬也案虎賁氏云舍則守王閑注云閑梐枑此梐枑是周衛之具耳此梐枑所施唯據下文車宮壇壝宮止宿而言其帷宮無宮暫止之間未必有此梐枑也

設車宮轅門 謂王行止宿阻險之處備非常次車以爲藩則仰車以其轅表門○藩方元反 疏 設車宮轅門○釋曰鄭云王行止宿阻險之處備非常次車以爲藩則仰車以其轅表門鄭知在險阻之處者下文爲壇壝宮是平地有土可掘則爲壝宮明此無土可以爲壝故知此山間險阻爲此車宮也言仰車以其轅表門者謂仰兩乘車轅相向以表門故名爲轅門

爲壇壝宮棘門 謂王行止宿平地築壇又委壝土起堳埒以爲宮鄭司農云棘門以戟爲門杜子春云棘門或爲材門○壝戚唯季反劉欲鬼反徐羊誰反一音待果反又時累反埒徐音劣 疏 注謂王至材門○釋曰知王行止宿平地者以下文二者非止宿之事唯有此壝宮及上文車宮爲止宿但險阻平地二所不同故知是止宿

平地也云委壝土起堳埒者止宿之間不可築作牆壁宜掘地爲宮土在坑畔而高則堳埒也鄭司農云棘門以戟爲門知棘是戟者見左氏隱十一年鄭欲伐許授兵于大宮子都與鄭考叔爭車子都拔棘以逐之故知棘即戟也杜子春云棘門或爲材門者閔二年衞文公居楚丘國家新立齊桓公共門材先令豎立門戸故知棘門亦得爲材門即是以材木爲門也

爲帷宮設旌門謂王行晝止有所展肆若食息張帷爲宮則樹旌以表門

〔疏〕注謂王至表門○釋曰知王行晝止有所展肆者見下曲禮云君命大夫與士肆鄭云肆習也君有命大夫則與士展習其事則此亦王與羣臣晝止有所展習云若食息者非直有展習亦有食息之時則張帷爲宮樹立旌旗以表門案司常云會同賓客置旌門注引此掌舍爲帷宮設旌門則旌門司常置之掌舍主當之若然則轅門之等皆彼他官置之掌舍有主當取其云旌門則司常所云析羽爲旌者也

無宮則共人門謂王行有所逢遇若住遊觀陳列周衞則立長大之人以表門

〔疏〕注謂王至表門○釋曰鄭知此是王行有所逢遇者一則據上三者見夜宿晝止訖今復云無宮共人門是非常之事二則云無宮及人門是暫駐之事非久停止此知是有所逢遇若有往遊觀

陳列周衛非如上三者爲宮則立長大之人以表門也**凡舍事則掌之**王行所舍止

幕人掌帷幕幄帟綬之事王出宮則有是事在旁曰帷在上曰幕幕或在地展陳于上帷幕皆以布爲之四合象宮室曰幄王所居之帷也鄭司農云帟平帳也綬組綬所以繫帷也玄謂帟主在幕若幄中坐上承塵幄帟皆以繒爲之凡四物者以綬連繫焉○幄烏學反帟音亦綬音受【疏】幕人掌至之事

釋曰云掌王帷在傍施之像上壁也幕則帷上張之像舍屋也幄帷幕之內設之帟者在幄幕內之○承塵綬者條也以此條繫連帷幕幕人掌此五者王出宮則送與掌次張之○注王出至繫焉○釋曰言在旁曰帷在上曰幕則帷在下幕在上共爲室今之設幕則無帷在下爲異也云或在地展陳於上者案聘禮云管人布幕官陳幣史展幣皆於幕上聘禮又賓入境至館皆展幕是幕在地展陳於上又云帷幕皆以布爲之知者案既夕禮云明衣裳用幕布其帷在幕下明亦用布故知二者皆用布至於覆棺之幕則用繒故禮記檀弓云布幕衛也繒幕魯也明天子亦用繒覆棺不張設故用繒也云四合象宮室曰幄知四合象宮室不上屬據帷幕爲句者見顏延之纂要云曰合象宮曰幄故四合向下據幄爲句也鄭

司農云帟平帳後鄭不從者見下王喪張帟三重之等皆據承塵又幄已是帳又言帟明帟非帳也先鄭又云綬組綬所以繫帷者此語未足故後鄭增成其義𤣥謂帟王在幕若幄中坐上承塵者云在幕謂下掌次云師田則張幕設重帟是王在幕設帟之事若幄中有帟者掌次云朝日祀五帝則張大次小次設重帟重案次即幄是幄中坐上有承塵也云幄帟皆以繒爲之者以其帟帷幕之內宜細密又案喪大記有素錦褚褚即幄彼喪用錦明此用繒可知云凡四物者以綬連繫焉者此增成先鄭也

凡朝覲會同軍旅田役祭祀共其帷幕幄帟綬共之者掌次當以張〔疏〕凡朝至帟綬○釋曰此一經皆供與掌次使張之此云朝覲會同即掌次云諸侯朝覲會同是也此云軍旅田役即掌次云師田彼師即此軍旅彼田即此田役是也此云祭祀即掌次云大旅及朝日祀五帝是也此數事皆共帷幕幄帟綬與掌次是以鄭云共之者掌次當以張也

大喪共帷幕帟綬爲賓客飾也帷以帷堂或與幕張之於庭帟在柩上〔疏〕注爲賓至在柩上○釋曰云爲賓客飾者王喪而有賓客者謂若顧命成王喪諸侯來朝而遇國喪故康王之命云畢公率東方諸侯入應門

右召公率西方諸侯入應門左并有二王之後皆是賓客故爲之飾也云帷以帷堂者謂若喪大記及士喪禮始死帷堂小斂徹之及殯在堂亦帷之也云或與幕張之於庭者案尚書顧命云出綴衣於庭鄭云連綴小斂大斂之衣於庭中爾時在庭應設此帷幕無正文故云或也有解者云爲王襲絰在庭故有帷幕按喪大記諸侯踊阼階下襲絰於序東雖王禮亦當哭踊在阼階下何因反來庭中襲絰乎恐不可也云帟在柩上者即掌次云凡喪王則張帟三重是也 二

公及卿大夫之喪共其帟 唯士無帟王有惠則賜之檀弓曰君於士有賜帟

【疏】注唯士至賜帟○釋曰掌次云諸侯再重孤卿大夫不重則此云三公不云諸侯與孤掌次云諸侯與孤不云三公者三公即是諸侯再重此不云孤孤與卿大夫同不重幕人不張故略不言鄭云唯士無帟者此經及掌次俱不云士有帟明無也引檀弓者欲見有賜則有帟非常法

掌次掌王次之法以待張事 法大小丈尺○張事劉音帳戚如字下邦之張事同

【疏】掌次至張事○釋曰言掌王次之法者次者次則舍也言次謂次止言舍謂舍息言以待張事者子

出宮則幕人以帷與幕等送至停所掌次則張之故云以待張事○注法大大小丈尺○釋曰言法大小者下文有大次小次是也云丈尺者既言大小當時應有丈尺之數但其未聞

王大旅上帝則張氊大旅上帝祭天於圜丘國有故而祭亦曰旅此以旅見祀也張氊案以氊爲牀於幄中鄭司農云皇羽覆上邸後版也玄謂後版屏風與染羽象鳳皇羽色以爲之○邸徐當禮反一本作皇羽邸版版徐音板屏薄

案設皇邸刑反〔疏〕王大至皇邸○釋曰云王大旅上帝者謂冬至祭天於圜丘則張氊案者案謂牀也牀上著氊即謂之氊案設皇邸者邸謂以版爲屏風又以鳳皇羽飾之此謂王坐所置也○注大旅至爲之○釋曰大旅上帝祭天於圜丘知者見下經別云祀五帝則知此是昊天上帝即與司服及宗伯昊天上帝一也即是大司樂冬至祭天於圜丘之事也云國有故而祭亦曰旅者案大宗伯國有大故則旅上帝及四望是國有故而祭謂之旅云此以旅見祀者但此下文五帝見正祀其旅見於大宗伯大宗伯昊天不云旅故此見此文不言正祀故鄭以因旅見之欲見有故昊天亦旅之故云以旅見祀云張氊案以氊爲牀於幄中者據鄭云於幄中則知不徒設氊案皇邸而已明知并有大次小次之幄與下祀五

帝互見之也司農云皇羽覆上者見經皇是鳳皇之字故知以皇羽覆邸上玄謂後版版屏風與者此增成司農義言後版者謂爲大方版於坐後畫爲斧文言屏風者據漢法況之無正文故言與以疑之云染羽象鳳皇羽色以爲之者案尚書禹貢羽畎夏翟謂羽山之谷貢夏翟之羽後世無夏翟故周禮鍾氏染鳥羽象鳳皇色以爲之覆於版上明堂位及司几筵皆云黼扆此不在寢廟無扆故不得云黼扆故别名皇邸

朝日祀五帝則張大次小次設重帟重案合諸侯亦如之朝日春分拜日於東門之外祀五帝於四郊次謂幄也大幄初往所止居也小幄既接祭退俟之處祭義曰周人祭日以朝及闇雖有強力孰能支之是以退俟與諸臣代有事焉合諸侯於壇王亦以時休息重帟復帟重案牀重席也鄭司農云五帝五色之帝○朝直遥反注朝日同重直龍反注下同

【疏】朝日至如之○釋曰言朝日者謂春分朝日祀五帝者謂四時迎氣則張大次小次者次謂幄帳也大幄小幄但幄在幕中既有幄明有幄幕可知設重帟者謂於幄中設承塵云重案者案則牀也牀言重謂牀上設重席不言氈及皇邸亦有可知上氈案不言重席亦有重席可知互見爲義云合諸侯亦如之者謂

諸侯會同亦設重帟重案故云亦如之○注朝日至之帝○釋曰知朝日春分者祭義云祭日於東故鄭約用春分也云拜日於東門之外者謂在東郊覲禮文云祀五帝於四郊者案外宗伯祀五帝於四郊是也此謂四時迎氣案月令立春於東郊立夏於南郊季夏於六月迎土氣亦於南郊立秋於西郊立冬於北郊謂祭靈威仰之屬云次謂幄也大幄初往所止居也小幄既接祭退俟之處者此兩次設幄者大幄謂王侵晨至祭所祭時未到去壇壝之外遠處設大次王且止居故云大幄初往所止居也接祭者與羣臣交接相代而祭去壇宜近置一小帷退俟之處云祭義曰周人祭日以朝及闇引此已下者欲見王與臣接祭之時須有小幄也言孰能支之者謂一日之間雖有強力誰能支持乎云合諸侯於壇者案司儀合諸侯爲壇三成是也云重帟複帟者謂兩重爲之云重案牀重席者案司几筵莞筵繅席次席三重此言重席亦當有此三重帟重帟不同鄭司農云五帝五色之帝者謂東方青帝靈威仰南方赤帝赤奮若中央黃帝含樞紐西方白帝白招拒北方黑帝汁光紀並依文耀鉤所說

師田則張幕設重帟重案

不張幄者於是臨誓衆王或迴顧占察

疏師田至重案○釋曰言師田者謂出師征伐及田獵則幄幕者爲王

設坐不言帷者亦有可知重帟重案者如上說

諸侯朝覲會同則張大次小次大次亦初往所止居小次即宮待事之處

〈疏〉諸侯至小次○釋曰此謂與諸侯張之若四時常朝在國內今言朝覲會同爲會同而來故在國外與大宰大朝覲會同一也言則張大次小次也者亦如上文大小次丈尺則減耳故鄭云大次亦初往所止居小次即宮待事之處鄭云初往止居者謂宮外也即居者應是宮內言宮即司儀所云宮方三百步壝土爲之是也言待事者欲於幄中待事辦否及府○

師田則張幕設案鄭司農云師田謂諸侯相與師田玄謂此掌次張之諸侯從王而師田者

〈疏〉師田至設案○釋曰文承上諸侯謂諸侯從王師田即張幕設案者也不言重則無重席亦應有單席於牀也○注鄭司至田者○釋曰後鄭不從先鄭者以其天子掌次不合與諸侯國內張幕故云掌次張之以明非諸侯相與師田也此至下所云次者謂以繒爲帷帳案聘禮記所云次或以帷或及席皆得與此掌次所云次別也

孤卿有邦事則張幕設案有邦事謂以事從王若以王命出也孤王之孤三人副三公論道者不言公公如諸侯禮從王祭祀合諸侯張

大次小次師田〔疏〕孤卿至設案○釋曰與上諸侯所設同亦張幕設案○注有邦至設案○釋曰言有邦事謂以事從王者謂若上王大旅上帝朝日祀五帝合諸侯及師田等數事王親行則從王往也云若以王命出者若祭祀則容王有故不視羣臣使臣時聘殷覜王不親行則於國外使羣臣受之是王命出也云孤王之孤三人副三公論道者案尚。成王周官云立大師大傅大保茲惟三公論道經邦燮理陰陽又云立少師少傅少保曰三孤貳公弘化寅亮天地是副三公論道者也云不言公公如諸侯禮者謂如上諸侯之禮中唯有會同師田無言祭祀鄭云祭祀者王於會同與祭祀同云亦如之則諸侯從王祭祀亦與會同同若然三公從王祭祀亦與從王會同同也

凡喪王則張帟三重諸侯再重孤卿大夫不重 張帟柩上承塵〔疏〕凡喪至不重○釋曰喪言凡者以其王以下至孤卿大夫兼有后及三夫人已下故言凡以廣之也后與王同三重世子三夫人與諸侯再重九嬪二十七世婦與孤卿大夫同不重一而已八十一御妻與士同無帟有賜乃得帟也此諸侯謂三公王子母弟若畿外諸侯掌次不張之○注張帟柩上承塵○釋曰鄭知帟柩上承塵。見上文帟

皆在帷中爲承塵此言喪王則張帟三重明是張於柩上也

凡祭祀張其旅幕張尸次旅衆也公卿以下即位所祭祀之門外以待事爲之張大幕尸則有幄鄭司農云尸次祭祀之尸所居更衣帳。爲于僞反

【疏】凡祭祀張其旅幕張尸次。釋曰祭祀言凡者天地宗廟外內祭祀皆有羣臣助祭其臣既多不可人人獨設故張旅幕旅衆也謂衆人共幕諸祭皆有尸尸尊故別張尸次。注旅衆也公卿以下即位至衣帳。釋曰鄭云公卿以下即位所祭祀之門外以待事者若宗廟自有廟門之外若外神於郊則亦有壝宮之門門外並有立位言爲之張大幕者以其言旅故知大幕也司農云更衣帳者未祭則常服至祭所乃更去常服服祭服也故言更衣

射則張耦次耦俱升射者次在洗東大射口遂命三耦取弓矢于次

【疏】射則張耦次。釋曰天子大射六耦在西郊賓射亦六耦在朝燕射三耦在寢此六耦三耦據諸侯射者若衆耦則多但無常數耳。注耦俱至于次。釋曰耦俱升射者案大射鄉射耦皆兩兩揖讓升自西階鄉兩楹之閒履射物南面而射射訖又兩兩揖讓降自西階云次在洗東者大射文。又引大射曰遂命三耦取弓矢于次者證次中有弓矢其耦立位在次北西面至射

乃命三耦入次取弓矢引之者以天子之次無文雖六耦不
同設次則與諸侯同也儀禮鄉射乃是州長射士禮其中非
有鄉大夫詢衆庶之射
並無次故堂西比耦也 掌凡邦之張事

大府掌九貢九賦九功之貳以受其貨賄之
入須其貨于受藏之府須其賄于受用之府

九功謂九職也受藏之府若內府也受用之府若職內也凡
貨賄皆藏以給用耳良者以給王之用其餘以給國之用或
言受藏或言受用又雜言貨賄皆互〔疏〕大府至之府○釋
文○藏才浪反注受藏言受藏同 曰言掌九貢九賦
之貳者大宰掌其正此官掌其副貳者以其物入大府故也
九功之貳者謂九職之功大宰以九職任之成孰斂其稅則
是九功也亦大宰掌其正物入大府故亦掌其副貳也云以
受其貨賄之入者九貢謂諸侯九貢自然有金玉曰貨布帛
曰賄九賦謂畿內之九賦口率出泉九職如三農園圃之類
亦有不出貨賄者皆言受其貨賄之入者雖以泉穀爲主民
欲得出貨賄者則取之以當邦賦之數故大宰云九賦斂財
賄是其不要取泉也須其貨于受藏之府者言大府雖自有

府其物仍分置於衆府受藏之府者鄭云謂若內府是也須其賄於受用之府者鄭云謂若職內是也○注九功至互文釋曰九功謂九職也者以其九職任萬民謂任之使有職事故大宰云九職大府斂貨賄據成功言之故云九功其本是一故云九功九職也云受藏之府若內府也者以其經云須其貨于受藏之府金玉曰貨物之善者藏之於內府近王掌之以給王用故也云受用之府若職內也者府不在內經云須其賄于受用之府賄賤於貨故知入職內以給國家所用云凡貨賄皆藏以給用耳者鄭欲以藏用互文貨言藏者以其善物賄言用者以其賤物其實皆藏皆用故言凡貨賄皆藏以給用耳云良者以給王之用者覆解入內府意云其餘以給國之用者覆解入職內意云或言受藏或言受用又雜言貨賄皆互文者言受藏謂內府言受用謂職內皆藏以給用言藏亦用言用亦藏是互文也雜言貨賄者言貨兼有賄言賄亦兼有貨亦是互文但二者善惡不同故別言之耳

凡官府都鄙之吏及執事者受財用焉〖疏〗凡官至用焉○釋曰言凡官府者謂王朝三百六十官有事須用官物者云都鄙之吏者謂三等采地吏謂羣臣等有事須取官物者及執事者謂爲官執掌之事須有營造合用官物者皆

來於大府處受財用焉凡頒財以式灋授之關市之賦以待王之膳服邦中之賦以待賓客四郊之賦以待稍秣家削之賦以待匪頒邦甸之賦以待工事邦縣之賦以待幣帛邦都之賦以待祭祀山澤之賦以待喪紀幣餘之賦以待賜予待猶給也此九賦之財給九式者膳服即羞服也稍秣即芻秣也謂之稍稍用之物也喪紀即喪荒也賜予即好用也鄭司農云幣餘使者有餘來還也玄謂幣餘占賣國之斥幣○秣音末好呼報反下同使色吏反斥音尺徐音柘反

【䟽】凡頒至賜予○釋曰言凡頒財者大宰云九賦斂財賄九式用之此大府頒與九式用之但事相因故二處別言九賦之物也此所頒之財即大宰斂財賄一也云以式法授之者謂以舊法式多少授與九式故云以式法授之云關市之賦以待王之膳服者自此已下並與九式事同但文有交錯與九賦不次案九賦先邦中之賦次四郊次邦甸

次家稍次邦縣次邦都次關市次山澤次幣餘此先言關市在邦中上此家稍又在邦甸上所以次第不同者見事起無常○注待猶至斥幣○釋曰云待猶給也者謂大宰斂得九賦之財給九式之用待來則給之故云待猶給幷是訓待爲給云此九賦之財給九式者以其此經九事與大宰九式相當此九賦又與大宰九賦一也故云九賦之財給九式也云膳服即羞服也者此言膳服大宰九式云羞服膳羞是一故云膳服即羞服也自此已下事與九式是一但文有不同皆就九式合而解之故云稍秣即芻秣也謂之稍稍用之物也者彼九式云芻秣此改芻爲稍以其稍稍用之故也此云喪紀即九式喪荒一也此云賜予即九式好用一也鄭司農云幣餘使者有餘來還也者案大宰司農注幣餘百工之餘與此注不同者蓋是司農互舉以相足後鄭不從者聘使之物禮數有限何得有餘來還又且有餘來還何得有賦故後鄭不從玄謂幣餘占賣國之斥幣者後鄭之意百官所用官物不盡歸入職幣職幣得之不入本府恐久藏朽蠹則有人占賣依國服出息謂之斥幣者謂指斥與人故謂之斥幣也

凡邦國之貢以待弔用此九貢之財所給也給弔用給凶禮之五事

凡萬民之貢以充府庫此九

職之財〔疏〕凡邦至府庫○釋曰上文大府掌九貢九賦九充猶足功受得三者之財各各用之上文九式已用九賦之財訖故此云邦國之九貢以待給於弔用下文萬民之貢以充府庫即上九功也○注此九貢至五事○釋曰云給凶禮之五事者案大宗伯云凶禮哀邦國之事下云有喪禮荒禮弔禮禬禮恤禮五禮皆須以財貨哀之故云給凶禮之五事○注此九職至猶足○釋曰知此萬民之貢是九職者案大宰云九職任萬民此上文又云九功此貢即是九職之功所稅故知此是九職之財也案大行人六服諸侯因朝所貢之物與大宰九貢歲之常貢雖曰時節不同貢物有異要六服之貢與九貢多同亦入弔用之數又且九貢言入弔用九賦言入九式有餘財亦入府庫是以上文掌九貢九賦受其貨賄須於受藏受用之府也

凡式貢之餘財以共玩好之用謂先給九式及弔用足府庫而有餘財乃可以共玩好明玩好非治國之用言式言貢互文〔疏〕凡式至之用○釋曰式謂九式貢謂九貢及萬民之貢有餘財以供玩好器物之用○注謂先至互文○釋曰經言餘財明知先給九式及弔用足府庫之餘也經言式貢者式即上文九賦之財給九式之餘也貢即上文邦國之貢及萬民之貢也言式言貢互文

者式謂九賦貢謂九貢及萬民之貢但賦言式據用而言其實亦有賦貢據貢上爲名亦有用故云互文也

凡邦之賦用取具焉賦用用賦疏凡邦至具焉○釋曰上有九貢九賦九功此特言賦明兼有九貢九功亦取具焉

歲終則以貨賄之入出會之疏歲終至會之○釋曰貨賄之入者謂九貢九賦九功入來至大府言出者大府以貨賄分置於衆府及給九式之用亦是至歲終揔會計之

玉府掌王之金玉玩好兵器凡良貨賄之藏良善也此物皆式貢之餘財所作其不良又有受而藏之者○好呼報反及內府皆同藏才浪反注同疏玉府至之藏○釋曰云掌王之金玉玩好兵器者言玉府以玉爲主玉外所有美物亦兼掌之○注良善至之者○釋曰言此物皆式貢之餘財所作者案上大府云式貢之餘財以共玩好之用彼玩好之中兼有金玉兵器故知式貢餘財也云其不良又有受而藏之者即上大府云受藏受用之府是也

共王之服玉佩玉珠玉

佩玉者王之所帶者玉藻曰君子於玉比德焉天子佩白玉而玄組綬詩傳曰佩玉上有葱衡下有雙璜衡牙蠙珠以納其間鄭司農云服玉冠飾十二玉。○蠙劉薄田反徐音頻一音父賓反

[疏]注佩玉至二玉。○釋曰佩玉者王之所帶者謂佩於革帶之上者也玉藻曰君子於玉比德焉者詩云言念君子溫其如玉是比德於玉引此者證王必服玉之意云天子佩白玉而玄組綬者此亦玉藻文所佩白玉謂衡璜琚瑀玄組綬者用玄組條穿連衡璜等使相承受引詩傳曰謂是韓詩佩玉上有葱衡者衡橫也謂葱玉為橫梁下有雙璜衡。牙者謂以組懸於衡之兩頭兩組之末皆有半璧曰璜故曰雙璜又以一組懸於衡之中央於末著衡牙使前後觸璜故言衡。牙案毛詩傳衡璜之外別有琚瑀其琚瑀所置當於懸衡牙組之中央又以二組穿於琚瑀之內角斜繫於衡之兩頭於組末繫於璜云蠙珠以納其間者蠙蚌也珠出於蚌故言蠙珠納其間者組繩有五皆穿珠於其間故云以納其間鄭司農云服玉冠飾十二玉者案弁師掌五冕袞冕十二旒驚冕九旒毳冕七旒絺冕五旒玄冕三旒皆十二玉冕則冠也弁師又有皮弁韋弁冠弁亦皆十二玉故云冠飾十二玉也

王齊則共食玉玉是陽精之純者食之以禦水氣鄭司農云王齊當食玉

屑〔疏〕王齊則共食玉○釋曰謂王祭祀之前散齊七日致齊三日是時則共王所食玉屑○注玉是至玉屑○釋曰知玉是陽精之純者但玉聲清清則屬陽又案楚語云王孫圉與趙簡子言曰玉足以庇蔭嘉穀使無水旱之災則寶之珠足以禦火則寶之服氏云珠水精足以禁火如是則玉是火精可知云食之以禦水氣者致齊時居於路寢思其笑語思其志意之類恐起動多故須玉以禦水氣也鄭司農云王齊當食玉屑者其玉屑研之乃可食故云當食玉屑也

大喪共含玉復衣裳角枕角柶角枕以枕尸鄭司農云復招魂也衣裳生時服招魂復魄于太廟至四郊角柶角匕也以楔齒上喪禮曰楔齒用角柶楔齒者令可飯含玄謂復於四郊以綏○含戶暗反枕尸之鴆反楔先結反令力呈反飯扶晚反〔疏〕大喪至角柶○釋曰大喪謂王喪共含玉者含玉璧形而小以爲口實此不言贈玉飯玉者文不備復衣裳者王始死招魂復魄之衣裳不在司服者司服所掌是尋常衣服王府所掌皆王之美物其衣服美者亦玉府掌之但所復衣裳用死者上服故玉府供之角枕者所以枕尸角柶者將以楔齒○注角枕至以綏○釋曰鄭司農云復招魂也者人之死者魂氣上歸於天形魄仍在欲招取其魂復於魄內

故離騷有招魂篇云招魂復魄于大廟至四郊者王有七廟
及寢皆復焉獨言太廟語雖不足義猶可又言至四郊後鄭
不從之云角柶角匕也者案既夕禮楔貌如軛上兩末狀如
柶柶拔屈中央楔齒玄謂復於四郊以綏者案夏采云以冕
服復於太廟以乘車建綏復於四郊故鄭云復
於四郊以綏言此者破先鄭於四郊亦以衣服**掌王之燕**
衣服衽席牀第凡褻器燕衣服者巾絮寢衣袍襗
之屬皆良貨賄所成第簀
也鄭司農云衽席單席也褻器清器虎子之屬○衽而甚反
又而鴆反第側美反徐側敏反襗劉音澤徐待各反簀音責
疏掌王至褻器○釋曰言掌王之燕衣服者謂燕寢中所
有衣服之屬衽席者亦燕燕寢中臥席牀第者謂燕寢中
牀簀也凡褻器者亦謂燕寢中以燕字爲目衣服已下至褻
器皆是燕○注燕衣至之屬○釋曰云燕衣服者巾絮者案
内則左佩紛帨紛帨即巾也又婦事舅姑佩有線纊此絮則
纊也云寢衣者論語鄉黨云必有寢衣長一身有半鄭注云
今小臥被是也又言袍襗之屬者案毛詩云豈曰無衣與子
同袍與子同襗是也言之屬者寢衣之内所言不盡故言之
屬以廣之云皆良貨賄所成者見上文云凡良貨賄之藏故
知此良貨賄所成鄭司農云衽席單席也者案曲禮云請衽

何趾鄭注云衽臥席又案斯干詩云下莞上簟內則云斂枕篋簟席襡器而藏之司農云簟席則臥之簟席云褻器清器虎子之屬者卽在燕寢之中私褻之器故知清器虎子之屬案內豎及葬執褻器以從遣車彼褻器振飾類沐之器彼褻器與此注不同彼從葬於死者不用清器故爲類沐之器

若合諸侯則共珠槃玉敦

敦槃類珠玉以爲飾古者以槃盛血以敦盛食合諸侯者必割牛耳取其血歃之以盟珠槃以盛牛耳尸盟者執之故書珠爲夷鄭司農云夷槃或爲珠槃玉敦歃血玉器 ○敦音對徐丁雷反注同盛音成下同歃色洽反徐霜臘反

疏 若合至玉敦 ○釋曰合諸侯者謂時見曰會若司儀所云爲壇十有二尋王與諸侯殺牲歃血而盟則供珠槃玉敦 ○注敦槃至玉器 ○釋曰言敦槃類者按明堂位有虞氏之兩敦鄭玄云制之異同未聞此云槃類者以經云玉敦與珠槃相將之物故云槃類其制猶自未聞也云珠玉以爲飾者此槃敦應以木爲之將珠玉爲飾耳云古者以槃盛血以敦盛食者案特牲少牢皆敦盛黍稷以槃盛血雖無文郊血及血以告殺當以槃盛血也云合諸侯者必割牛耳取其血歃之以盟珠槃以盛牛耳者祭祀之時有黍稷故敦中盛黍稷今盟無黍稷敦中宜盛血牛耳宜在槃云尸盟者執之

者案左氏哀公十七年公會齊侯盟于蒙孟武伯問於高柴
曰諸侯盟誰執牛耳季羔曰鄫衍之役吳公子姑曹發陽之
役衛石魋武伯曰然則彘也注云彘武伯名也魯於齊爲小
國故曰彘也是盟小國執牛耳尸猶主也小國主盟故使執
牛耳也知此珠槃玉敦爲盟而設者案戎右云盟則以玉敦
辟盟遂役之替牛耳桃茢彼注云役之者傳敦血授當歃者
割牛耳取血助爲之及血在敦中以桃茢沸之是以知珠槃
玉敦爲盟而設若然執牛耳是小國尸盟者也若以歃血則
大國在先故哀公十七年吳晉爭先國語曰吳公先歃晉亞
之旣言爭先是以知大國當在先若諸侯相與盟則大國戎
右執牛耳也

凡王之獻金玉兵器文織良貨賄之物

受而藏之謂百工爲王所作可以獻遺諸侯古者致物於人尊之則曰獻通行曰饋春秋曰齊侯來
獻戎捷尊魯也文織畫及繡錦○織音志一
音至又如字爲于僞反遺唯季反下同〔疏〕凡王至藏之○釋曰
言凡王之獻金玉者謂金玉已下皆是擬王獻遺諸侯故云
受而藏之○注謂百至繡錦○釋曰云謂百工爲王所作者
謂金玉已下皆是百工爲王所作者可以獻遺諸侯也云古
者致物於人尊之則曰獻者名正法上於下曰饋下於上曰

獻若尊敬前人雖上於下亦曰獻是以天子於諸侯云獻案月令后妃獻繭鄭注謂獻於后妃知此王之獻金玉非是獻金玉於王者案下內府職凡四方之幣獻之金玉彼是諸侯獻王入內府藏之不得在此故知金玉是獻遺諸侯者也況諸侯中兼有二王之後二王之後王所尊敬自然稱獻也若王肅之義取家語曰吾聞之君取於臣曰取與於臣曰賜臣取於君曰取與於君謂之獻以此難鄭君鄭君弟子馬昭之等難王肅禮記曰尸飲五君洗玉爵獻卿況諸侯之中有二王之後何得不云獻也云通行曰饋者言通行者上於下下於上及平敵相於皆可云饋康子饋藥陽貨饋孔子豚皆是上於下曰饋膳夫職云王饋用六穀及少牢特牲稱饋食之禮並是於尊者曰饋朋友之饋雖車馬不拜是平敵相饋故鄭云通行曰饋春秋曰齊侯來獻戎捷尊魯也者案莊公三十一年公羊云齊侯來獻戎捷齊大國也曷爲親來獻戎捷威我也左傳云非禮也凡諸侯有四夷之功則獻于王中國則否穀梁云齊侯來獻捷者內齊侯也注云泰曰齊桓內救中國外攘夷狄親倚之情不以齊爲異國故不稱使若同二國也然三傳皆不解獻義今鄭引者以齊大國專言來獻明尊之則曰獻未必要卑者於尊乃得言獻

凡王之好賜共其貨賄

〔疏〕凡王

至貨賄○釋曰此謂王於羣臣有恩好因燕飲而賜之貨賄者也

內府掌受九貢九賦九功之貨賄良兵良器以待邦之大用大用朝覲之頒賜〔疏〕內府至大用○釋曰掌受九貢九賦九功者此九貢以下而言受案彼大府所云九貢已下頒之於受藏之府是也即是注云受藏之府若內府也則此九貢等由大府而來內府皆受藏之也云良兵良器者此是冬官百工所作亦由大府而來良兵謂弓矢殳矛戈戟五兵之良者良器謂車乘及禮樂器之善者云以待邦之大用者謂諸侯來朝覲所頒賜者也○注大用至頒賜○釋曰掌給九式及弔用是大府所給也玩好之用玉府所給也此又言以待邦之大用明是朝覲頒賜可知

凡四方之幣獻之金玉齒革兵器凡良貨賄入焉諸侯朝覲所獻國珍〔疏〕凡四至入焉○釋曰云凡四方之幣獻者謂四方諸侯來朝覲及遣卿大夫來聘問將幣三享貢獻珍異有此金玉及齒革之等金者謂若禹貢惟金三品之類玉者謂若禹貢球琳琅玕之類齒謂若象牙之類革謂若犀皮之

類兵器者禹貢無貢兵器之法此周時有之凡良貨賄其不良者入於職内給國之用此良者入内府以給王之用○注諸侯至國珍○釋曰諸侯朝聘所獻國珍者覲禮所云一馬卓上九馬隨之龜金竹箭分爲三享是也諸侯遣臣聘所獻國珍者謂若聘禮束帛加璧庭實乘皮之等是也此因朝聘而貢先入於掌貨賄入其要於大府乃始通之於内府也

凡適四方使者共其所受之物而奉之王所以遺諸侯者○使所吏反〔疏〕凡適至奉之○釋曰言凡適四方使者謂使公卿大夫聘問諸侯若大行人所云間問省煩之○等共其所受之物謂使者受將行之物則内府奉而與之○注王所至侯者○釋曰即上王之獻金玉兵器已下是也彼據藏之此據用之

凡王及冢宰之好賜予則共之冢宰待四方賓客之小治或有所善亦賜予之○治直吏反〔疏〕注冢宰至予之○釋曰云冢宰待四方賓客之小治者大宰職文云凡邦之小治則冢宰專平之以其冢宰貳王治事或有所善亦得賜予之云所善釋經中好也

外府掌邦布之入出以共百物而待邦之用

凡有灋者布泉也布讀爲宣布之布其藏曰泉其行曰布取名於水泉其流行無不徧入出謂受之復出之共百物者或作之或買之待猶給也有法百官之公用也泉始蓋一品周景王鑄大泉而有二品後數變易不復識本制至漢惟有五銖久行王莽改貨而異作泉布多至十品今存於民間多者有貨布大泉貨泉貨布長二尺五寸廣寸首長八分有奇廣八分其圜好徑二分半足枝長八分其右文曰貨左文曰布重二十五銖直貨泉二十五大泉徑一寸二分重十二銖文曰大泉直十五貨泉貨泉徑一寸重五銖右文曰貨左文曰泉直一也○徧古遍字下同復扶又反徐音服數音朔奇紀宜反枝字一音奇

〔疏〕外府至灋者○釋曰云掌邦布之入出者邦者國也布如泉也謂國之所入有泉皆來入外府是其邦布之入也國之用泉者皆外府出與之是邦布之出也故摠云邦布之入出此言與下爲目云以共百物者謂共國家器物之泉也而待邦之用者謂國家非常所用亦出泉與之也凡有灋者謂在朝官府依常法用之者亦出泉與之○注布泉至一也○釋曰布泉也者此言布地官泉府云泉是布泉一也云布讀爲宣布之布者此謂如秋官布憲彼布是宣布之布此布亦是宣布故讀從之云其藏曰泉其行曰布者此鄭欲解泉布一物兩名之意地官

泉府不言外不言布據其所藏爲名此官言外言布取名於其流行於外外爲稱故鄭即云取名於水泉其流行無不徧無不徧即布之義也云其百物者或作之或買之者或作之謂出物使百工所營作或買之以充國用也云泉始蓋一品者即此經泉布是也云周景王已下並漢書食貨志文案彼周景王時患泉輕將更鑄大泉單穆公曰不可王不聽鑄大泉文曰寶貨漢興爲秦泉重難用更令民鑄榆莢錢至孝文有司言榆莢三銖輕易姦詐請鑄五銖至王莽居攝變漢制更造大泉徑寸二分重一十二銖文曰大泉直五十又造契刀形如錢直五百又造錯刀以黃金錯其文曰一刀直五千與五銖錢凡四品並行至莽即眞罷五銖錢與作泉布多至十品其中有大布次布弟布壯布中布差布厚布幼布公布小布是爲貨十品也其泉十品者莽居攝作大泉錯刀契刀即眞作小錢幺錢幼錢中錢壯錢元鳳年更造貨布與貨錢爲十品莽以劉有金刀罷契刀錯刀若然鄭云後數變易不復識舊本制者據秦漢至莽已前而言也云唯有五銖久行者從漢孝文作五銖錢至莽世數既多故云久行也云今存於民間多者有貨布大泉已下者是從莽至漢末鄭君時見行此三者故云今存於民間也案彼文其貨布直云長二寸五分廣寸首長八分圓好徑二分無有奇廣八分半足支長八

分等十一字今鄭言之者此並鄭言目所覩見以義增之耳又案彼大泉直五十不云五十言十五者亦誤當從五十爲正也且王莽之大泉蓋與景王所鑄大泉亦異也

共王及后世子之衣服之用凡祭祀賓客喪紀會同軍旅共其財用之幣齎賜予之財用齎行道之財用也聘禮曰問幾月之齎鄭司農云齎或爲資今禮家定齎作資玄謂齎資同耳其字以齊次爲聲從貝變易古字亦多或○齎音咨注同一音祖係反幾徐舉豈反

【疏】共王至財用○釋曰從王至軍旅所須財用皆外府供其泉也云幣齎之財用謂王使公卿已下聘問諸侯之行道所用則曰幣齎云賜予之財用者謂王於羣臣有所恩好賜予之也○注齎行至多或○釋曰問幾月之齎者案聘禮記使者既受行出遂見宰問幾月之資注云資行用也古者君臣謀密草創未知所之遠近問行用當知多少而已是其問幾月之資鄭司農云齎或爲資今禮家定齎作資者齎資義一何得言禮家定作資故後鄭不從齎資兩字直是齊次爲聲從貝變易耳

凡邦之小用皆受焉皆來受

【疏】凡邦至受焉○釋曰但外府所

納泉布所積既少有小用則給之若大用即取餘府

歲終則會唯王及后之服不會

〔疏〕歲終至不會○釋曰言王及后不會以衣服異於膳羞與所加禽獸故通世子可以會之也

司會掌邦之六典八灋八則之貳以逆邦國都鄙官府之治

逆受而鉤考之○會古外反下同治直吏反注同

〔疏〕司會至之治○釋曰云掌六典八灋八則之貳者案大宰云六典治邦國八法治官府八則治都鄙但司會是鉤考之官還以六典逆邦國之治八法逆官府之治八則逆都鄙之治逆皆謂鉤考知得失

以九貢之灋致邦國之財用以九賦之灋令田野之財用以九功之灋令民職之財用以九式之灋均節邦之財用掌國之官府郊野縣都之百物財用凡在書契版圖者之貳以逆羣吏之治而聽

其會計郊四郊去國百里野甸稍也甸去國二百里稍三百里縣四百里都五百里書謂簿書契其最凡也版戶籍也圖土地形象田地廣狹

〈疏〉以九至會計○釋曰言以九貢之法致邦國之財用者九貢即是大宰九貢其所貢之物出於諸侯邦國言之財用謂諸侯於其民什一取之既取得民物大國貢半次國三之一小國四之一所貢之物皆市取土毛貢於天子則禹貢所云厥篚厥貢是也故云致邦國之財用此即小行人云春入貢是謂歲之常貢大行人因朝而貢者所貢無常不應使司會致之云以九賦之法令田野之財用此九賦即大宰所云九賦斂財賄是也言法者謂口率出錢多少有其定法令田野之財用者九賦之內惟有關市幣餘國中非田野自外四郊邦甸家稍邦縣邦都山澤盡是田野據多言之故言令田野之財用云以九功之法令民職之財用者九功即是大宰九職之功所稅言之法者亦是稅法什一爲常言令民職之財用者以其九職任萬民使之出稅故云令民職之財用云以九式均節邦之財用者九式所以用九賦使均平有節故云均節邦之財用云掌國之官府者案大宰九賦一曰邦中二曰四郊此不言邦中而言官府者以官府在邦中故舉官府以表邦中其實官府不出賦也云郊野縣都之百物財用者以其民之出

賦不必皆使出泉以百物當之亦得故大宰云九賦斂財賄則此百物財用一也但九式用九賦大宰均節而用之此司會主鈎考故亦言之矣凡在書契版圖者之貳者此書契版圖下文司書掌其正此司會主鈎考故掌其副貳云以逆羣吏之治者羣吏謂朝廷官府下及都鄙縣鄙羣臣之治皆逆而鈎考之云而聽其會計者謂羣吏以會計文書送於司會者司會皆聽斷之○注郊四至廣狹○釋曰此九式用九賦故以郊野已下依此大宰九賦次第以釋之彼九賦一曰邦中之賦當此官府此郊當彼四郊之賦據遠郊言之故云去國百里郊外曰野大摠之言故此野當彼三曰邦甸去國二百里又當彼四曰家稍故鄭云甸去國二百里稍三百里也此經縣當彼五曰邦縣之賦故云縣四百里此經都即彼六曰邦都之賦故云都五百里云書謂簿書者漢時以簿書記事至於餘物記事亦謂之簿書故舉漢法而言也契其最凡也者此之書契即小宰八成取予以書契之類最凡謂計要之多少以爲契要云版戸籍也者漢之戸籍皆以版書之故以漢法況云圖土地形象田地廣狹者下司書云土地之圖有其形象即是民之田地廣狹多少皆在於圖也 以

參互攷日成以月要攷月成以歲會攷歲成

參互謂司書之要貳與職內之入職歲之出【疏】以參至歲成○釋曰故書互爲巨杜子春讀爲參互○攷音考以參互考日成者司會鉤考之官以司書之等相參交互考一日之成一日之中計筭文書也以月要考月成者月計曰要亦與諸職參互考一月成事文書也以歲會考歲成者歲計曰會以一歲之會計考當歲成事文書○注參互至爲參互○釋曰言參互謂司書之要貳者案司書職云凡稅斂掌事者受法焉及事成則入要貳焉又案職內云掌邦之賦入又案職歲云掌邦之賦出云參互鉤考明知有此三官出內事共鉤考之

以周知四國之治以詔王及冢宰廢置周猶徧也言四國者本逆邦國之治亦鉤考以告【疏】以周至廢置○釋曰周徧也四國謂四方諸侯之國徧知諸侯之治者以是鉤考之官須知諸侯得失以此治職文書以詔王及冢宰有功者升進而置之有罪者黜退以廢之所詔告及冢宰者以其冢宰者副貳王之治事故并告之○注周猶至以告○釋曰言四國者本逆邦國之治者案上云掌邦之六典以逆邦國之治逆即鉤考也故云亦鉤考以告也

附釋音周禮注疏卷第六

武寧盧氏宣旬校定

知南昌府張敦仁署鄱陽縣候補知州周澍栞

周禮注疏卷六挍勘記　阮元撰盧宣旬摘錄

附釋音周禮注疏卷第六

醢人

昌本麋臡　唐石經余本嘉靖本毛本同閩監本麋誤麇

茆菹麋臡　嘉靖本麋誤麇

雜以梁麴及鹽　嘉靖本梁作粱此從木訛

塗置瓶中　閩監毛本同宋本余本岳本嘉靖本瓶作甀當據以訂正公食大夫禮疏引此亦作甀

麋骭髓醢　宋本余本岳本嘉靖本閩本同監毛本骭誤肝疏中不誤釋文骭字有音

菁菹韭菹　賈疏本作菁菹韭菁一本韭字作菲今本作韭菹者涉上經誤也故疏云以菁爲韭菁於義不可此賈疏作韭菁之證又云若爲菲字菲則蔓菁於義爲是後鄭不應破之明本作韭不作菲也此一本韭字作菲

字之證○按韭菹已見上不當以韭菹釋菁菹漢讀考據說文菁韭華也云司農注作韭華菹今奪華字是也又考疏云以菁爲韭菁於義不可後鄭不從據此是先鄭作菁菹韭菁菹也韭華謂之韭菁漢人語尚如此後人奪下菁字賈時不誤疏內當作又菁菹韭菁菹者而轉寫亦奪菁字

今河間名豚脅聲如鍛鎛 嘉靖本毛本同釋文膞音博下鎛同閩監本誤作鎛疏中同

故云聲如豚拍 浦鏜云鍛鎛誤豚拍

芹菹 唐石經諸本同釋文芹說文作菦云菜類蒿也案說文菦从艸近聲周禮有菦菹是故書當作菦今本省作芹

箈菹 唐石經諸本同釋文箈爾雅作箈同釋草箈箭萌注引周禮曰箈菹鴈醢疏云彼文作箈鄭注箈箭萌字雖異音義同漢讀考謂經及司農作菭後鄭忽易爲箈注應有菭當爲箈四字○按箈字最譌

此箈字既下爲之 浦鏜云既字下當脫竹字

以與稻米爲餈 今內則餈作酏者誤也當據此注訂正彼注引周禮酏食云此酏當從餈此者此周

禮也謂周禮酏食之酏當從內則作餈也淺人未識此酏指周禮因誤改內則作酏矣詳見漢讀考

小切之與稻米　監毛本與誤爲

同特設之　此本閩本特字牛旁剜改浦鏜云時誤特

謂餈與糝實爲二豆　浦鏜云食誤實

麋鹿爲菹　嘉靖本麋作麇誤案少儀作麋鹿

皆牒而不切　浦鏜云牒記作聶注聶之言牒也

麋爲辟雞　閩監毛本同宋本嘉靖本麋作麇此本䟽中引注亦作麇誤也少儀作麕

從醯醢至鴈醢　毛本醢誤醯

此謂報切節皆齏類　浦鏜云節疑即字誤

并醯人所共醯五十罋　閩本同監毛本下醯誤醢

醯人

下經云賓客之禮據饔餼浦鏜云上誤下

鹽人

對下經鬻鹽是湅治者也毛本同閩監本鹽誤盬下鬻盬同

鬻鹽以待戒令唐石經宋本余本嘉靖本毛本同閩本監本盬誤鹽注中同

今湅治鹽以待戒令惠挍本閩本同監毛本令誤命

冪人

三酒加元酒監本三誤二

宮人

籩豆俎簋之屬浦鏜云俎當簠字誤

匽猪謂霤下之池宋本同閩監毛本猪作豬嘉靖本豬字剜改○按猪者豬之俗古書皆作豬

皆所以除其不蠲潔惠挍本潔作絜

與親匽猪同惠挍本親作規此誤閩監毛本猪作豬○按規匽豬見左傳襄公二十五年今左傳作偃其義略同皆謂汙下之地鄭君實用左氏也

勞事勞褻之事余本嘉靖本褻作䙝閩監毛本訛作藝疏中同

掌舍

故書枑爲柜嘉靖本柜作拒下同此本疏中亦作拒葉鈔釋文拒音矩

柜受居溜水涑槖者也嘉靖本槖作橐釋文亦作橐此上從土非

杜子春讀爲梐枑說文木部枑行馬也从木互聲周禮曰設梐枑再重柜下不引周禮是與杜義同不從故書作柜也

末卽有蟲可涑此本及閩本蟲字剜改蓋本作蠹釋文本作涑槖賈疏本作涑蠹

先鄭輙依故書拒惠挍本輙作輒此誤閩監毛本拒作柜下同

宜掘地爲宮惠挍本地作壍此本地字剜改

上在坑畔而高毛本坑誤堉

予都與鄭考叔爭車子都扳棘以逐之惠挍本鄭作潁扳當作拔

君命大夫與士肆鄭云肆習也毛本同閩監本肆改肆案禮記釋文大夫與士肆本又作肆同古肆習字多作肆此與釋文又作本合○按疏文之例當用肆

掌舍主當之浦鏜云當蓋掌字誤下當取同

幕八

主在幕若幄中坐上承塵閩監毛本同誤也宋本余本嘉靖本主作王此本及惠挍本疏

中引注亦作王當據以訂正浦鏜云王誤主從集注按

在幄幕内之丞塵　閩監毛本丞作承此本下文張帟疏亦作丞塵

綃幕魯也　浦鏜云綃檀弓作繆注繆讀如綃

是王在幕設帟之事　惠挍本同閩監毛本王誤主

此增成先鄭也　浦鏜云先鄭下當脱義字非也

掌次

法大小丈尺　宋本嘉靖本同閩監毛本法改瀍疏同

則張氈案　閩監毛本同唐石經宋本余本嘉靖本氈作氊注及疏準此此本注中疏中皆作氈

設皇邸　唐石經諸本同邸從邑閩本作邸非釋文皇邸一本云見經作皇羽邸案此因注云皇羽覆上經亦誤衍羽字疏云見經皇是鳳皇之字故知以皇羽覆邸上是賈疏本不衍羽字也

朝日祀五帝　嘉靖本祀誤祝

既接祭退俟之處　宋本嘉靖本同閩監毛本既誤謂疏中引注仍作既不誤

重帟復帟　閩監毛本同宋本余本復作複疏中引注同

明有幄幕可知　浦鏜云帷誤幄

案外宗伯祀五帝於四郊是也　浦鏜云小誤外兆誤祀　案宗伯以下此本閩本闕今據監本毛本補下闕者準此

季夏六月　惠挍本同監本夏下剜擠於字毛本排入此本及閩本缺然以字數計之不衍也

此兩次設幄者　此本缺據閩監毛本補惠挍本此作必當訂正

置一小帷　此本閩本闕據監毛本補惠挍本帷作幄此非

帟重帟不同　此本閩本闕今據監毛本補浦鏜云與重席不同誤帟重帟不同從儀禮通解續挍

南方赤帝赤奮若此本闕據閩監毛本補浦鏜云奮若當標怒之誤

則幄幕者浦鏜云張誤幄

卽司儀所云宮方三百步壙土爲之是也閩監本土誤士此本毛本誤上今訂正浦鏜云注誤所案義䟽家引經注往往不加區別

欲於幄中待事辦否及府閩監毛本辦作辨此本作办惠挍本作辦今訂正浦鏜云及府當衍

案聘禮記所云次或以帷或及席此本缺據監毛本補浦鏜云上或字衍或及席三字非記文疑有訛按上或字或及席三字閩本實闕

案尚成王周官云閩監毛本尚下有書

鄭知帝樞上承塵惠挍本下有者

升自西階 監本西誤兩

云次在洗東者大射文 此大射注

故堂西比耦也 監本比誤北

大府

口率出泉 此本毛本口誤曰今據閩監本訂正

玉府

占賣國之斥幣 嘉靖本斥作斥釋文作斥

下有雙璜衡牙 岳本嘉靖本衡作衝此本疏中引注亦作衝牙作衝者涉上葱衡而誤按毛詩傳亦作衝牙釋文衝牙昌容反狀如牙

下有雙璜衝牙者 閩監毛本衝改衡非下於未著衝牙同

使前後編瑱故言衡牙 惠挍本作衡牙此誤

珠足以禦火則寶之 浦鏜云國語火下有灾字按賈䟽連引服氏注云珠水精足以禁火蓋古本無灾字

角柶角匕也 宋本嘉靖本同此本及閩監毛本匕誤七今訂正

元謂復於四郊以綏 段玉裁云綏鄭當作緌

但所復衣裳 閩本同監毛本復誤服

以冕服復於大廟 毛本於誤以浦鏜云廟經作祖

凡褻器 余本同唐石經嘉靖本閩監毛本褻作褻字從埶非從執也當據以訂正注及䟽準此

今小臥被是也 惠挍本小作之此誤

敦槃類 嘉靖本槃作盤非下仍作槃

當以槃盛血也　閩監毛本槃作盤下珠盤同

贊牛耳桃茢　監毛本贊作替

以桃茢沸之　惠挍本沸作拂此誤

故哀公十七年　惠挍本作十三年○按依左傳是十七年惠所據宋本注疏誤耳

名正法上於下曰饋　惠挍本名作若饋作賜當訂正

臣取於君曰取　惠挍本下取作假此誤

以齊大國尊　惠挍本國尊作於魯此非

朝覲之頒賜　岳本嘉靖本頒作班注皆用班字

內府

案彼大府所云　惠挍本作即是大府所云此本卽是二字實闕閩監毛本改作案彼非

卽是注云　惠挍本作案彼注云此本案彼二字實闕閩監毛本改作卽是與上文正互誤

由大府而來　惠挍本由下有此

諸侯朝覲所獻國珍　此本疏中釋經亦作朝覲下釋注仍作朝聘案宋本余本嘉靖本閩監毛本皆作聘字實疏引覲禮以釋朝引聘禮以釋聘明聘字是也

覲禮所云一馬卓上九馬隨之龜金竹箭分爲三享是也　浦鏜云經一作匹龜金以下約覲禮四享節注

謂使公卿大夫聘問諸侯　惠挍本作公卿以下此本以下二字實闕閩監毛本改作大夫

大宰職文云　閩本同監毛本文誤云

凡邦之小治則家宰專平之　惠挍本作大事決於王小事則家宰專平之此本脫

誤

外府

布讀爲宣布之布　諸本同漢制考作讀如案疏云此讀如秋官布憲彼布是宣布之布此布亦宣布故讀從之然則賈疏本亦作讀如也漢時布帛宣布蓋兩讀此擬其音而義卽隨之同一布字不必改也○按此當作讀爲凡讀爲下用本字者皆同字同音而義不同也

不復識本制　賈疏本作不復識舊制○按此賈改字以申其義耳

至漢惟有五銖久行　宋本嘉靖本及漢制考惟皆作唯案賈疏亦作唯

貨布長二尺五寸　岳本嘉靖本漢制考賈疏皆作二寸五分此誤當訂正

足枝長八分　此本疏中枝作支誤

右文曰貨左曰泉　宋本嘉靖本漢制考同閩監毛本左下衍文案此本右下文字剜擠蓋上云右

文曰貨左文曰布此蒙上故云右曰貨左曰泉二文字皆衍

邦者國也布如泉也　惠挍本作邦國也布泉也此衍

此謂如秋官布憲　惠挍本謂作讀此誤

至孝文有司言榆莢三銖輕　漢制考云武帝鑄五銖跳謂孝文作五銖誤也

形如錢　漢制考作形如刀此本刀字實闕閩監毛本改作錢

以黃金錯其文曰一刀直五千　惠挍本漢制考同直字不複衍閩監毛本錯誤鏤五誤一

異作泉布　惠挍本異作直當訂正漢制考亦誤

其中有大布次布　漢制考中作布

元鳳年更造貨布　惠挍本漢制考元作天此誤

并以劉有金刃 惠挍本漢制考刃作刀此誤

不復識舊本制者 此本本字剜擠閩監毛本拼入惠挍本無舊

見行此三者 漢制考三誤二

足支長八分等十一字 漢制考同閩監毛本支改枝○按枝是

此並鄭言目所覿見以義增之耳 浦鏜云今漢志與鄭注同豈賈君所見本異邪案唐初本漢書當如賈疏所言今本多者蓋依鄭注增加

共其財用之幣齎 閩毛本同釋文監本齎作賫唐石經作齎從齊從貝嘉靖本省作齎

從貝變易 此本及閩監本貝誤具嘉靖本毛本不誤今訂正

問行用當知多少而已 浦鏜云當誤常

司會

言之財用謂諸侯於其民　閩監毛本財用改濾者非下文故云致邦國之財用承此言之

春令入貢　惠挍本作令春閩監毛本令誤合

盡是田野　惠挍本同閩監毛本田誤四

下及羣都縣鄙羣臣之治郡　惠挍本同閩監毛本卜羣作

周禮注疏卷六校勘記終

南昌袁泰開挍

附釋音周禮注疏卷第七

鄭氏注　賈公彥疏

司書掌邦之六典八灋八則九職九正九事邦中之版土地之圖以周知入出百物以敘其財受其幣使入于職幣九正謂九賦九貢正稅也九事謂九式變言之者重其職明本而掌之非徒相副貳也敘猶比次也謂鉤考其財幣所給及其餘見爲之簿書也玄謂亦受錄其餘幣而爲之簿當爲受謂受財幣之簿書故書受爲授鄭司農云授書使之入于職幣幣物當以時用之久藏將朽蠹○正音征注同比毗志反見賢遍反下同簿步故反下同蠹都路反〔疏〕司書至職幣○釋曰言掌邦之六典已下至周知入出百物已上所掌與司會同者以其司會主鉤考司書掌書記之司書所記司會鉤考之故二官所掌其事通焉九職即司會九功也九正即司會九賦九貢也九事即司會九式也邦中之版土地之圖即司會版圖也周知入出百物者即司

會百物財用一也云以敘其財者敘謂比次其財知用多少云受其幣者百官所用餘財送來與司書司書受其幣使入於職幣之官不入本府○注九正至朽蠹○釋曰知九正謂九賦九貢者案上司會有九賦九貢此司書則有九正無九賦九貢故知九正則是九賦九貢也言九正者謂此二者之財皆出於正稅故鄭云正稅也又云九事謂九式者云式據用財言之九事據用財所爲之事其理一也云變言之者重其職謂變九賦九貢言九正變九式言九事也重以其職明本而掌之非徒相副貳也其相副貳者謂司會八法八則之貳是也云所給及其餘見爲之簿書者司書周知入出百物以敘其財明知敘其財者所給諸官餘不盡者即以餘見爲之簿書擬與司會鉤考之玄謂亦受錄其餘幣而爲之簿書者此增成先鄭受謂受財幣之簿書云幣物當以時用之久藏將朽蠹者釋經百官餘幣不入於本府而入於職幣之意若入本府即是久藏將恐朽爛蠹敗故入職幣使人占賣之本在生利也

凡上之用財用必攷于司會上謂王與冢宰王雖不會亦當知多少而關之司會以九式均節邦之財用

【疏】注上謂至財用○釋曰知上謂王與冢宰者案內府職云凡王及冢宰賜與則共之明此上中有冢宰可知云王雖不會

亦當知多少而闕之者案上膳夫庖人及外府等皆言王及后不會此經上之用財必考於司會者此之所考但知多少而闕之非是會計與王爲限云司會以九式均節邦之財用者欲見司書用財必考於司會之意

三歲則大計羣吏之治以知民之財器械之數以知田野夫家六畜之數以知山林川澤之數以逆羣吏之徵令 械猶兵也逆受而鉤考之山林川澤童枯則不稅○械戸戒反畜許又反

〔疏〕三歲至徵令○釋曰言三歲者三年一閏天道小成考校羣吏須有黜陟故云三歲則大計羣吏之治羣吏則百官也以知民之財用器械之數者民之財用謂幣帛多少器謂禮樂之器械謂兵器弓矢戈殳戟矛此等則器械之數皆知之以知田野謂百畝之田在野夫家者謂男夫婦女六畜者謂馬牛羊豕犬雞之數又云以知山林川澤之數者案大司徒地有十等不言丘陵墳衍原隰者略言之也又云以逆羣吏之徵令者逆謂鉤考也此司書知民之財器已下川澤已上恐其羣吏濫徵斂萬民故知此本數乃鉤考其徵令也○注械猶至不稅○釋曰山林川澤童枯則不稅者山林

不茂爲童川澤無水爲枯所稅者稅其有今山林不茂則無材木川澤無水則無魚鼈蒲葦故不稅之　凡稅斂掌事者受灋焉及事成則入要貳焉法猶數也應當稅者之數成猶畢也○斂力驗反〔疏〕凡稅至貳焉○釋曰言凡稅斂者謂若地官閭師旅師徵斂之官所欲稅斂掌事者皆來司書處受法焉及事成收斂畢入要爲一通副貳文書名爲要入司書故云入要貳焉必來受法又入要貳者以司書知財器已下之數擬後鉤考之也○注法猶至畢也○釋曰云應當稅者之數即上田野夫家之等是其本出稅者之數也　凡邦治攷焉考其法於司書〔疏〕凡邦治攷焉○釋曰邦之所治有善惡皆來考於司書者以司書大計羣吏之治知其功過故也

職內掌邦之賦入辨其財用之物而執其總以貳官府都鄙之財入之數以逆邦國之賦用辨財用之物處之使種類相從總謂簿書之種別與大凡官府之有財入若關市之屬○種章勇反〔疏〕

職內至賦用○釋曰云掌邦之賦入者謂九職九貢九賦之
稅入皆掌之獨云賦入者賦是揔名下言賦者皆此類也辨
其財用之物凡所稅入者種類不同須分別之而執其總者
總謂稅入多少總要簿書又云以貳官府都鄙之財入之數
者官府財入謂若關市之稅都鄙之財入都鄙謂三等采地
采地之稅四之一言貳者謂職內受取一通副貳文書擬鉤
考以逆邦之賦用之者職內既知財入之數鉤考用賦多少
知其得失○注辨財至之屬○釋曰言辨財用之物使種類
相從者但賦之所入先由職內始至大府大府分致於衆府
以是分別使衆類相從云官府之有財入若關市之屬者司
關司市皆屬地官關市皆有出稅故知官府之有財
入若關市也言之屬者兼有城十二門亦有稅入　凡受
財者受其貳令而書之受財受於職內以給公用者貳令者謂若今御史所
寫下本奏王所可者書之若言某月某日某甲
詔書出某物若干給某官某事○寫戶嫁反【疏】凡受至書之○
釋曰其有官府合用官物而受財者並副寫一通勑令文書
與職內然後職內依數付之故云受其貳令書之○注受財
至某事○釋曰云貳令謂若今御史所寫下本奏王所可者
案御史職云掌贊書彼注云王有令則以書致之則贊爲辭

若今尚書作詔文是其用官財者先奏白於王王許可則御史贊王爲辭下職內是其貳令職內則書之爲本案然後給物與之若然職內主入職歲主出職內分置於衆府所以得有物出與人者職內雖分置衆府職內亦有府貨賄留之者故得出給故大府職云頒其賄於受用之府鄭注云受用之府若職內是也

及會以逆職歲與官府財用之出亦參互鈎考之【疏】及會至之出○釋曰言會者謂至歲終會計以逆職歲者逆謂鈎考也職歲主出職內主入以己之入財之數鈎考職歲出財之數又云與官府財用之出者謂職歲出財與官府所用之數並鈎考之○注亦參互鈎考之○釋曰鄭云參互鈎考者案司會以參互考之鄭彼注云參互謂司書之要貳職內之入職歲之出以三官相鈎考此職內逆職歲明兼有司書之要貳故言參互言亦者亦如大府也

而敘其財以待邦之移用亦鈎考今藏中餘見爲之簿移用謂轉運給他○藏才浪反【疏】而敘至移用○釋曰案司書云以敘其財鄭彼注云敘猶比次謂鈎考其財幣所給及其餘見爲之簿書入職幣也此言敘財亦謂比次職內藏中餘見爲簿書以待邦之移用更給他官若然職內既非常府其所藏

者唯當歲所用故用不盡者移用之也

職歲掌邦之賦出以貳官府都鄙之財出賜之數以待會計而攷之以貳者亦如職內書其貳令而編存之○編必綿反又必連反一音方干反

【疏】職歲至攷之○釋曰云掌邦之賦出者職內主入職歲主出職內所入於衆府所用之多少皆主之故云掌邦之賦出但九貢九賦九功之用皆主之特言賦者亦如職內云賦賦是總稱也云以貳官府都鄙之財出賜之數者職內云以貳官府都鄙之財入之數此職歲以貳官府都鄙之財出賜之數二官一入一出皆書其貳其相鉤考故職內云以逆邦之賦用此職歲云以待會計而考之其事通也○注以貳至存之○釋曰云亦如職內書其貳令而編存之者職內云凡受財者受其貳令而書之此官主出所出亦皆由上令所出前後不同亦皆書其貳令編存爲案以待會計而考之也

凡官府都鄙羣吏之出財用受式灋于職歲百官之公用式灋多少職歲掌出之舊用事存焉

【疏】凡官至職歲釋曰官府都

都出財用皆來受灋者以其出財用皆爲有事事有舊灋用有常職歲出財皆有舊灋式在於職歲故須受灋於職歲也

凡上之賜予以敘與職幣授之敘受賜者之尊卑

疏凡上至授之○釋曰上謂王與冢宰所有小賜予之事及則職幣所云小用賜予是也故云以敘與職幣授之

會以式灋贊逆會助司會鉤考羣吏之計

疏及會至逆會○釋曰案司會以逆羣吏之治而聽其會計此官主式灋出財用及至也至歲終會計之時則以式法贊助司會鉤考會計之事故云以式灋贊逆會

職幣掌式灋以斂官府都鄙與凡用邦財者之幣幣謂給公用之餘凡用邦財者謂軍旅

疏職幣至之幣○釋曰職幣主餘幣給諸官之用亦依灋式與之故云掌式灋以斂官府已下之幣幣則餘幣也○注幣謂至軍旅○釋曰云幣謂給公用之餘者以其此官主斂餘幣故知幣謂給公用之餘知凡用邦財是軍旅者見經斂官府都鄙別言用邦財故知用邦財謂國之大事唯有軍

旅

振掌事者之餘財振猶拚也檢也。掌事謂以王命有所作爲先言斂幣後言振財互之。拚音拯〔疏〕振掌至餘財。○釋曰振者拚也檢也以財與之謂之拚知其足剩謂之檢掌事奉王命有所造爲故職幣檢掌事者有餘則受取故云振掌事者之餘財。○注振猶至互之。○釋曰知掌事謂以王命有所作爲者以其上經官府已下是其國家常事此別言掌事是王命有所作爲又云先言斂幣後言振財互之者凡用國家財物皆先振而後斂今於上文直言斂不言振亦振之下言振財有餘亦斂之可知故言互之也

皆辨其物而奠其録以書楬之以詔上之小用賜予奠定也故書録爲祿杜子春云祿當爲録定其録籍鄭司農云楬之若今時爲書以著其幣。○楬其列反著直略反徐張恕反〔疏〕皆辨至賜予。○釋曰上經既斂得幣皆當辨其物知其色類及善惡而奠其録者謂定其所録簿書色別各入一府以書楬之者謂府別各爲一牌書知善惡價數多少謂之楬又云以詔上之小用賜予者詔猶告也職幣既知府内則告上之王與冢宰小用賜予之事此謂常賜予玉府所云凡王之好賜共其貨賄及内府云凡王冢宰之好賜此二者非常賜與

外府及典絲枲三官言賜予者與此職幣同亦是國家常賜予**歲終則會其出**〔疏〕歲終則會其出○釋曰以其職幣主出故歲終與司會會之下贊之亦謂贊司會會之事也**凡邦之會事以式灋贊之**

司裘掌爲大裘以共王祀天之服鄭司農云大裘黑羔裘服以祀天示質〔疏〕司裘至之服○釋曰言爲大裘者謂造作黑羔裘裘言大者以其祭天地之服故以大言之非謂裘體侈大則義同於大射也云以共王祀天之服者謂四時所有祭天之事皆共之不限六天之大小直言祀天案孝經緯鉤命決云祭地之禮與天同牲玉皆不同言同者唯據衣服則知崐崘神州亦用大裘可知○注鄭司至示質○釋曰先鄭知大裘黑羔裘者祭服皆玄上纁下明此裘亦羔裘之黑者故知大裘黑羔裘又云服以祀天示質者以其衮已下皆有采章爲此大裘更無采章故云質案鄭志大裘之上又有玄衣與裘同色亦是無文采**中秋獻良裘王乃行羽物**良善也中秋鳥獸毨。毨因其良時而用之鄭司農云良裘王所服也行羽

物以羽物飛鳥賜羣吏玄謂良裘玉藻所謂黼裘與此羽物
小鳥鶉雀之屬鷹所擊者中秋鳩化爲鷹中春鷹化爲鳩順
其始殺與其將止而大班羽物○中音仲
注同毦音毛毦先典反與音餘鶉音淳【疏】中秋至羽物○釋曰良善也
仲秋所獻善裘者爲八月誓獮田所用故獻之王乃行羽物
者行賜也以羽鳥之物賜羣臣以應秋氣也○注良善至羽
物○釋曰云中秋鳥獸毦毨者此是尚書堯典文案彼注毨
理也毛更生整理引之者證仲秋有良裘意故鄭云因其良
時而用之也司農云良裘王所服者先鄭意良裘王所服故
仲秋獻之羣臣所服裘在下經季秋獻功裘是也後鄭不從
之者月令云孟冬天子始裘此良裘若是王之所服裘何得
在仲秋故後鄭不從玄謂良裘玉藻所謂黼裘與者案彼文
云唯君有黼裘以誓獮○獮是仲秋田獵之名彼獮田用黼裘與
此仲秋獻良裘同時皆不爲寒設故知此良裘則與彼黼裘
一也但無正文約與之同故言與以疑之也言黼裘者白與
黑謂之黼謂狐白與黑羔合爲黼文故謂之黼裘秋氣嚴猛
取斷割之義故用黼謂之良裘者下經功裘之等臣所服見
人功麤良裘與大裘皆君所服針功細密故得良裘之名又
云此羽物小鳥鶉雀之屬鷹所擊者案夏官羅氏仲春羅春
鳥行羽物彼注云羽物若今南郡黃雀之屬彼黃雀即此雀

之屬此鶻與雀亦是鷹所擊故連言鶻也云仲秋鳩化爲鷹仲春鷹化爲鳩者此並月令文引此者證此仲秋行羽物與月令仲秋鳩化爲鷹殺物之時是順其始殺也故行羽物又云仲春鷹化爲鳩者證羅氏仲春行羽物與月令仲春鷹化爲鳩止殺之時故云與其將止云班羽物者總結春秋二時皆大班行羽物

季秋獻功裘以待頒賜功裘人功微麤謂狐青麛裘之屬鄭司農云功裘卿大夫所服○麛音迷

疏季秋至頒賜○釋曰案詩云七月流火九月授衣此季秋則是九月授衣之節季秋獻功裘以待頒賜者功裘之內有羣臣所服之裘故言以待頒賜○注功裘至所服○釋曰言功裘人功微麤者此對良裘與大裘人功微密此裘人功麤故名功裘又云謂狐青麛裘之屬者案玉藻君子狐青裘豹褎麛裘青犴褎彼云君子鄭云君子大夫士也以其彼云豹褎青犴褎用雜故爲大夫士若君則用純引此者證功裘中有此狐青麛裘以待頒賜玉藻仍有羔裘狐裘亦是臣之所服裘不引之者之屬中含之矣若然狐青裘者鄭玉藻注云蓋玄衣之裘天子下士玄端之服皆服之又云麛裘者鄭彼注引孔子素衣麛裘謂是君臣視朔之服彼云羔裘注引孔子緇衣羔裘鄭注論語云君之視朝之服亦卿大夫士祭於君之服若然卿

大夫助祭用冕服士用爵弁君朝服冕服羔裘卿大夫士弁冕用羔裘至於朝服亦用羔裘即是君臣祭服朝服同服羔裘也又云狐裘者鄭注玉藻引孔子黄衣狐裘謂是十月農功畢臘祭先祖之服據鄉來所解四種之裘君臣同有以其經云以待頒賜唯據其臣若據天子諸侯除大裘之外亦入此功裘之中案玉藻乃有狐白裘據天子之朝大夫巳上所服亦入此功裘之中鄭司農云功裘卿大夫所服者先鄭之意以良裘王所服故此功裘是卿大夫所服後鄭引之在下者經云以待頒賜據臣而言司農云功裘卿大夫所服得爲一義故引之在下

王大射則共虎侯熊侯豹侯設其鵠諸侯則共熊侯豹侯卿大夫則共麋侯皆設其鵠

大射者爲祭祀射王將有郊廟之事以射擇諸侯及羣臣與邦國所貢之士可以與祭者射者可以觀德行其容體比於禮其節比於樂而中多者得與於祭諸侯謂三公及王子弟封於畿内者卿大夫亦皆有采地焉其將祀其先祖亦與羣臣射以擇之凡大射各於其射宫侯者其所射也以虎熊豹麋之皮飾其側又方制之以爲𩊚謂之鵠著于侯中所謂皮侯王之大射虎侯王所自射也熊侯諸侯所射

豹侯卿大夫以下所射諸侯之大射熊侯諸侯所自射豹侯羣臣所射卿大夫之大射麋侯君臣共射焉凡此侯道虎九十弓熊七十弓豹麋五十弓列國之諸侯大射大侯亦九十參七十干五十遠尊得伸可同耳所射正謂之侯者天子中之則能服諸侯諸侯以下中之則得爲諸侯鄭司農云鵠鵠毛也方十尺曰侯四尺曰鵠二尺曰正四寸曰質玄謂侯中之大小取數於侯道鄉射記曰弓二寸以爲侯中則九十弓者侯中廣丈八尺七十弓者侯中廣丈四尺五十弓者侯中廣一丈尊卑異等此數明矣考工記曰梓人爲侯廣與崇方參分其廣而鵠居一焉然則侯中丈八尺者鵠方六尺侯中丈四尺者鵠方四尺六寸大半寸侯中一丈者鵠方三尺三寸少半寸謂之鵠者取名於鳱鵠鳱鵠小鳥而難中是以中之爲儁亦取鵠之言較較者直也射所以直己志用虎熊豹麋之皮示服猛討迷惑者射者大禮故取義衆也士不大射士無臣祭無所擇故書諸侯則共熊侯虎侯杜子春云虎當爲豹○鵠古毒反爲祭于僞反以與音預下得與同行下孟反比毗志反下同而中丁仲反下天子中之以下中之而難中以中皆同所射食亦反下自射所射共射皆同章諸允反本亦作準著直略反又張略反參素感反干五五旦反劉音鴈本又作犴遠于萬反正音征下同鳱音干劉音鴈一音岸

【疏】王大至共鵠。○釋曰：言王大射者，王將祭祀選助祭之人，故於西郊小學之中，王與諸侯及羣臣等行大射之法，故云王大射也。則共虎侯、熊侯、豹侯者，虎侯者，謂以虎皮飾其側，九十步之侯，王自射之也。熊侯者，以熊皮飾其側，七十步之侯，諸侯射之也。豹侯者，謂以豹皮飾其側，五十步之侯，孤卿大夫已下射之也。云設其鵠者，其鵠還以虎、熊、豹皮爲之，方制之，三分其侯，侯鵠居其一，故云設其鵠也。云諸侯則共熊侯者，謂畿內諸侯、三公、王子母弟，熊侯亦如王之熊侯，諸侯自射之。豹侯者，亦如王之豹侯，羣臣共射之也。卿大夫者，謂王朝卿大夫，則共麋侯者，亦五十步，以麋皮飾其側，君臣共射之。云皆設其鵠者，熊侯已下亦以熊、豹、麋之皮爲鵠，三分其侯，侯鵠居一焉，故云設其鵠也。○注大射至爲豹。○釋曰：知大射爲祭祀射者，見禮記射義云"天子大射謂之射侯"，既云天子將祭必先習射，故知大射是將祭而射也。云王將有郊廟之事者，郊謂祭五天帝於四郊，不言圜丘祭昊天，亦有可知。廟謂祭先王、先公皆是也。云以射擇諸侯至得與於祭，皆禮記射義文。案彼云"天子以射擇諸侯卿大夫士"，即云"是故古者天子之制，諸侯歲獻貢士於天子，試之射宮，其容體比於禮，其節比於樂，而中多者得與於祭，而中少者不得與於祭"，是其大射擇諸侯、羣臣、貢士得與祭之事也。云諸侯謂三公及王子弟封於畿內者若六命賜官及建其長立其兩可得及卿此經卿與大夫同麋侯明諸侯之內唯有三公王子弟也言封畿內者此謂王子弟無官直得采地而已言封畿內者對魯衛晉鄭之等封在外爲諸侯者也云卿大夫亦皆有采地焉者案載師大都任畺地是此諸侯也又云小都任縣地家邑任稍地是其卿大夫亦皆有采地焉云其將祀其先祖亦與其羣臣射以擇之者諸侯亦與畿外諸侯同五廟卿大夫亦三廟此經不云孤孤六命亦與卿同是其祀先祖之事也云凡大射各於其射宮者謂從王已下至大夫大射各自於其西郊之學射宮之中知然者案儀禮大射云公入驁自外而來入明王已下皆於郊學也云侯侯者其所射也者以其雖有正鵠之別侯是總名故云侯者所射也云以虎熊豹麋之故飾其側者侯中上下俱有布一幅夾之所飾者唯有兩傍之側故云飾其側也云又方制之以爲辜謂之鵠著于侯中者梓人爲侯廣與崇方故云方制之質者正也所射之處故名爲質三分其侯鵠者於侯中云所謂皮侯者所謂梓人張皮侯而棲鵠云王之大射虎侯王所自射也者遠近三等人有尊卑分爲三節尊者射遠卑者射近故知王射虎侯諸侯卑於天子其自射射熊侯明助王祭亦射熊侯卿大夫卑於諸侯以其自家射射麋侯五十步明助王亦射

豹侯五十步故知射豹侯卿大夫更言已下者兼有士亦射豹侯諸侯之大射熊侯諸侯所自射豹侯羣臣所射以其唯有二侯故分爲二等云鄉大夫之大射麋侯君臣共射焉者以其唯有一侯故也云凡此侯道虎九十弓至五十弓並約鄉射記案鄉射記云鄉侯侯道五十弓案大射大侯糝侯豻侯直言九十七十五十不云弓故注鄉射記云大侯九十弓糝侯七十弓豻侯五十弓並約鄉侯有弓字則大射所云九十者九十弓七十者七十弓五十者五十弓可知也天子三侯與彼畿外諸侯同但用皮別耳故此注虎侯九十弓熊侯七十弓豹麋五十弓云列國之諸侯大射大侯亦九十參七十干五十者大射所云者是也鄭注大射云大侯者豻侯也糝侯者糝雜也豹鵠而麋飾下天子大夫也豻侯者豻鵠豻飾也云遠尊得伸可同耳者對此經畿內諸侯之近尊不得同於天子三侯云所射正謂之侯者天子中之已下皆禮記射義文鄭司農云鵠鵠毛也者先鄭意以鵠字與鳱鵠字同故爲鵠毛解之案梓人云張皮侯而棲鵠毛非可棲之物故後鄭不從云方十尺曰侯者此先鄭之意見鄉侯五十弓弓二寸以爲侯中侯中一丈故云十尺此先鄭唯解五十步侯於義則可若九十七十五十其侯揔方一丈則不可故後鄭不從云四尺曰鵠者案梓人三分其侯鵠居一焉則無此方

四尺曰鵠故後鄭亦不從云二尺曰正者案梓人張皮侯而棲鵠大射之侯也又云張五采之侯遠國屬賓射之侯也若然賓射射正大射射鵠此旣大射正鵠雜言故後鄭亦不從也云四寸曰質者言質即詩云發彼有的及鵠皆是一物其鵠不止四寸而已故後鄭亦不從玄謂侯中之大小取數於侯道者其侯道則去侯遠近之道故引鄉射記鄉射記曰弓二寸以爲侯中者二寸據把中側骨中身也弓別取二寸以爲侯身也則九十弓者侯中廣丈八尺者據虎侯也又云七十弓者侯中廣丈四尺者據熊侯也五十弓者侯中廣一丈也者據豹侯麋侯也云尊卑異等此數明矣者破司農摠方十尺曰侯之言云考工記曰梓人爲侯廣與崇方者崇高也上下爲崇橫度爲廣如鄉者侯中丈八丈四一丈皆方故云廣與崇方也云參分其廣鵠居一焉者謂三分丈八丈四一丈之侯各取一分而爲鵠故云三分其廣鵠居一焉又云然則侯中丈八尺者鵠方六尺自此已下皆重釋鵠居一焉之義以其侯中丈八三六十八故鵠居六尺侯中丈四尺者鵠方四尺六寸大半寸者以其侯中丈四尺取丈二尺三四十二得四尺有二尺在又取尺八寸三六十八又得六寸有二寸在寸各爲三分二寸倂爲六分取二分名爲三分寸之二即是大半寸也故云鵠方四尺六寸大半寸也侯中一丈者

鵠方三尺三寸少半寸者一丈取九尺三三而九得三尺一尺在又取九寸得三寸仍有一寸分爲三分得一分名爲少半寸故云鵠方三尺三寸少半寸云謂之鵠者此鄭釋鵠還是虎豹等皮名爲鵠意故云謂之鵠者取名於鳱鵠鳱鵠者案淮南子鳱鵠知來俗云鳱鵠是小鳥捷黠者也故云鳱鵠小鳥而難中云亦取鵠之言較較者直也射所以直己志者案禮記射義云循聲而發不失正鵠若然正鵠相對之物若鵠爲鳥正亦爲鳥若鵠爲直正則爲正直之正故射義云射者内志正外體直是正鵠之名各有二義又云用虎熊豹麋之皮示伏猛討迷惑者虎熊豹是猛獸將以爲侯侯則諸侯也是示能伏得猛厲諸侯麋者迷也將以爲侯示能討擊迷惑諸侯云射者大禮故取義衆也者以其祭者是大事射者觀德故爲大禮故於三侯之上取義衆多云士不大射士無臣祭無所擇者案孝經云天子諸侯大夫皆言爭臣士則言爭友是無臣也大射者所以擇臣士則無臣可擇故經不言士之大射士自無大射之禮得與天子大射者以其得助祭故也是以鄭注云豹侯卿大夫已下所射已下即士也至於賓射士自爲賓射故射人云士豻侯二正不得與天子賓射是以鄭射人注云此與諸侯射士不與是也云故書諸侯則共熊侯虎侯杜子春云虎當爲豹不從故書者虎侯是天子

大侯不宜在諸侯熊侯之下故不從也

大喪廞裘飾皮車皮車遣車之革路故書廞爲淫鄭司農云淫裘陳裘也玄謂廞興也若詩之興謂象飾而作之凡爲神之偶衣物必沽而小耳○廞許金反又火飲反遣弃戰反興虛應反下同

〔疏〕大喪至皮車○釋曰大喪謂王喪廞猶興也興象生時裘而爲之謂明器中之裘即上良裘功裘等云飾皮車者亦謂明器之車以皮飾之○注皮車至小耳○釋曰皮車遣車之革路者案冬官考工記飾車欲侈棧車欲弇除棧車之外皆用革輓即此皮車非專革路鄭特云皮車革路者此司裘所飾唯革路而已云故書廞爲淫鄭司農云淫裘陳裘也者此周禮一部之內稱廞者衆多故書皆爲淫先鄭皆爲陳後鄭皆破從興興謂興象生時之物而作之必知爲陳非爲興是者車僕云大喪廞革車圉人云廞馬亦如之即是所廞車馬又禮記檀弓云竹不成用瓦不成味琴瑟張而不平竽笙備而不和皆是興象所作明器非陳設之理故不從先鄭玄謂廞興也若詩之興謂象似而作之者象似生時而作但麤惡而小耳云凡爲神之偶衣物必沽而小耳者案禮記檀弓孔子云謂爲偶者不仁鄭以偶爲偶也故鄭云神之偶衣謂作送死之衣與生時衣服相似又云物沽而小者沽麤也謂其物沽略而又小即竹

不成用瓦不成味是也凡邦之皮事掌之歲終則會唯王之裘與其皮事不會

掌皮掌秋斂皮冬斂革春獻之皮革踰歲乾久乃可用獻之獻其良者於王以入司裘給王用〔疏〕掌皮至獻之○釋曰云秋斂皮冬斂革春獻之者許氏說文獸皮治去其毛曰革秋斂皮者鳥獸毛毨之時其皮善故秋斂之革乃須治用功深故冬斂之乾久成善乃可獻故春獻之也○注皮革至王用○釋曰知良者入司裘者以其司裘掌爲王大裘以下故知良者入司裘也遂以式灋頒皮革于百工式灋作物所用多少故事〔疏〕遂以至百工○釋曰上文獻良者入司裘其餘人百工因上事故云遂也百工者即冬官六十官主作器物若裘氏韋氏函人之類用皮者也○注式灋至故事○釋曰云式灋作物所用多少故事者作若裘氏作裘函人作甲冑謂皮革皆有用物多少之數有舊法者也共其毳毛爲氈以待邦事當用氈則共之毳毛毛細縟者○毳尺稅反縟音辱〔疏〕

共其至邦事。○釋曰鄭云當用氈則共之謂若掌次張氈案是當其用氈則掌皮共毳毛與冬官使作氈與掌次也**歲終則會其財齎**財斂財本數及餘見者齎所給予人以物曰齎今時詔書或曰齎計吏鄭司農云齎或爲資。○見賢遍反〔疏〕歲終至財齎。○釋曰歲終周之十二月則會計其皮之本數之財及出與人物之齎計知多少也。○注財斂至爲資。○釋曰財斂財本數者經云財與齎二者並據皮革而言也言斂財本數者謂四方所有皮革之入掌皮之數是本數也云及餘見者謂出給不盡見在庫者也云予人以物曰齎者齎有兩義上外府注行道曰齎此皮革無行道所用之義故齎爲出給與人物解之也云今時詔書或曰齎計吏者漢時考使謂之計吏有詔賜與之則曰齎引之證齎是與人物也鄭司農云齎或爲資先鄭意一部書齎或爲資也

內宰掌書版圖之灋以治王內之政令均其稍食分其人民以居之版謂宮中閽寺之屬及其子弟錄籍也圖王及后世子之宮中吏官府之形象也政令謂施閽寺者稍食吏祿稟也人民吏子弟分之使衆者就寡均宿衞〔疏〕注版

謂至宿衛○釋曰內宰旣職當內事與大宰主外事相似故知版之所書者謂宮中閽寺之屬并宮中官之子弟皆屬內宰書之於版版焉旣主內事故知所圖者不出王及后世子之宮中吏官府之形象也又知政令謂施閽寺者以其閽人主中門之禁寺人掌王之內人之戒令內宰爲之長故知政令者施之於閽人寺人也不言內小臣及內豎者蓋亦施之也云稍食吏祿稟也者吏卽閽寺弟子宿衛后宮者宮正所均謂宿衛王宮者以米稟爲祿之月俸均之者當知見在空闕也云人民吏子弟者以其所均稍食是吏之子弟明所分宿衛還是吏之子弟也

以陰禮教六宮

鄭司農云陰禮婦人之禮六宮後五前一王之妃百二十人后一人夫人三人嬪九人世婦二十七人女御八十一人玄謂六宮謂后也婦人稱寢曰宮宮隱蔽之言后象王立六宮而居之亦正寢一燕寢五教者不敢斥言之謂之六宮若今稱皇后爲中宮矣　昏禮母戒女曰夙夜毋違宮事

〔疏〕以陰禮教六宮○釋曰先鄭意以陰禮婦人之禮教六宮之人自后已下至女御後鄭意以婦人之禮教后一人六宮即后也○注鄭司至宮事○釋曰先鄭知陰禮婦人之禮者以其將用教婦人故知陰禮是婦人之禮也云六宮後五前一者天子謂之六寢宮人所云者是也后亦象王

立宮亦後五前一在王六寢之後爲之南北相當耳云王之妃百二十人至八十一人此是禮記昏義之文彼據周法引之者先鄭意欲見內宰教此六宮之人也玄謂六宮謂后不從先鄭者若此文兼后至女御應言及與凡殊之下別自教三夫人已下此文既在於上明專教后一人而已云若今稱皇后爲中宮矣者漢舊儀有此事也引昏禮者證婦人稱宮之意也

以陰禮教九嬪教以婦人之禮不言教夫人世婦者舉中省文○省所景反

疏注教以至省文○釋曰司農意上文教六宮之人訖此復教九嬪者先鄭意以九嬪掌婦學之法使之教九御故內宰𣪠更別教之也後鄭意下文別教九御故知此教三夫人已下不言三夫人世婦者舉中以見上下省文

以婦職之灋教九御使各有屬以作二事正其服禁其奇袤展其功緒婦職謂織紝組紃縫線之事九御女御也九九而御于王因以號焉使之九九爲屬同時御又同事也正其服止踰侈奇袤若今媚道展猶錄也緒業也故書二爲三杜子春云當爲二二事謂絲枲之事○奇紀宜反袤似嗟反本亦作邪紝女金反組音祖紃似倫反線仙戰反字亦作綫

疏

以婦至功緒○釋曰內宰以婦人職業之法教九御上文世婦已上皆直言陰禮不言職此言職者以其世婦以上貴無絲枲等職業之法故也云使各有屬者女御八十一人九人爲一屬屬猶聚也九人同時御又同爲絲枲之事○注婦職至之事○釋曰婦職謂織紝組紃又爲一事組紃又爲一事縫線又爲一事三者皆婦職也案詩注云王后織玄紞公侯夫人紘綖卿之內子大帶大夫命婦成祭服士妻朝服庶士以下各衣其夫貴賤皆有職者彼示雖貴無得遊乎率先之意非如此絲枲二事責其功緒也又云九御女御也者序官云女御故就而釋之也云九九而御于王因以號焉者案下女御職云掌御敘于王之燕寢此云九御是九九而御于王因以號焉云使之九九爲屬同時御又同事也者此鄭釋九人爲屬之意也云正其服止踰侈者女御祿衣是正不得踰侈服展衣以上也云奇衺若今媚道者案漢書漢孝文時婦人蠱惑媚道更相呪詛作木偶人埋之於地漢法又有官禁云敢行婦道者若然媚道謂道妖衺巫蠱以自衒媚故鄭舉漢法證經奇衺也

大祭祀后祼獻則贊瑤爵亦如之謂祭宗廟王既祼而出迎牲后乃從後祼也祭統曰君執圭瓚祼尸大宗執璋瓚亞祼此大宗亞祼謂夫人不與而攝耳獻謂王薦

腥薦孰后亦從後獻也瑤爵謂尸卒食王既酳尸后亞獻之其爵以瑤爲飾○祼古亂反瑤音遥不與音預酳士靳反劉侯吝反又音胤

疏

大祭至如之○釋曰大祭祀謂祭宗廟也后祼者謂室中二祼后亞王祼尸獻謂朝踐饋獻后以玉爵亞王而獻尸則贊者此三事內宰皆佐后祼時以璋瓚授后獻時以玉爵授后故云則贊也瑤爵亦如之者謂尸卒食王酳尸后亞王而酳尸則內宰以瑤爵授后后親酌盎齊以酳尸云瑤爵亦如之者亦贊之也○注謂祭至爲飾○釋曰以其天地山川社稷等外神后夫人不與又天地無祼此云祼故知經云大祭祀者據宗廟而言也但宗廟之祭四時與祫禘六享皆有此祼獻瑤爵之事故摠言宗廟也云王既祼而出迎牲后乃從後祼也者案郊特牲云既灌而出迎牲彼據君而言則知王既祼而出迎牲后乃從後祼也案司尊彝注后亞王灌訖乃出迎牲者以郊特牲云既灌而出迎牲以既灌之中不言無后灌是以鄭云后灌後乃迎牲此云迎牲後后乃祼鄭以迎牲是王事欲取王事自相亞故退后祼於迎牲後也又引祭統已下者彼雖諸侯禮欲見后有從于亞祼之事與諸侯同也又云獻謂王薦腥薦孰后亦從後獻也者案禮記禮運云腥其俎孰其殽鄭云腥其俎謂豚解而腥之孰其殽謂體解而孰之是其薦腥薦孰也此二者是堂

上朝踐饋獻之節案中二灌訖王出迎時時祝延尸於戶外之西南面后薦八豆八籩王牽牲入以血毛告訖以此腥其俎薦於神前王以玉爵酌醴齊以獻尸后亦以玉爵酌醴齊以獻尸也朝踐訖乃孰其殽薦於神前王以玉爵酌盎齊以獻尸后亦王爵酌盎齊以獻尸名爲饋獻云瑤爵謂尸卒食王既酳尸后亞獻之者案儀禮鄭注云諸侯尸十三飯天子尸十五飯尸食後王以玉爵酌朝踐醴齊以酳尸謂之朝獻后亦於後以瑤爵酌饋獻時盎齊以酳尸謂之再獻故云后亞獻也云其爵以瑤爲飾者鄉來所解知后以瑤爵亞酳尸者約明堂位云爵用玉醆仍彫加以璧散璧角食後稱加彼魯用王禮即知王酳尸亦用玉醆后酳尸用璧角賓長酳尸用璧散彼云璧此云瑤不同者瑤玉名瑤玉爲璧形飾角口則曰璧角角受四升爵爲摠號故鄭云其爵以瑤爲飾也

正后之服位而詔其禮樂之儀薦徹之禮當與樂相應位謂房中戶內及阼所立處〈疏〉正后至之儀○釋曰云正后之服位者服謂若內司服褘衣已下六服皆正之使服當其用位謂后助祭之位正之使不失其所而詔其禮樂之儀者后之行禮之時皆合于樂節各當其威儀皆內告后使依於法度故云詔其禮樂之儀也○注薦徹至立處○釋曰案九嬪職云

贊后薦徹豆籩是后薦徹也天子之禮薦時歌清廟及徹歌雍是薦徹皆有樂節但內宰所詔唯詔禮耳經兼云樂者禮樂相應也云位謂房中戶內及阼所立處者但天子諸侯祭禮亡今云位謂房中者案儀禮特牲云主婦亞獻尸尸拜受主婦北面拜送主婦北面拜者筵內子及尸酢主婦主婦適房中南面祭酒及主人致爵于主婦亦於房中南面拜受爵至於少牢主婦入戶西面獻尸及酢主婦無入房之文即此云位謂房中戶內者據特牲士禮而言也云及阼所立處者案少牢有司徹云主人位于阼階上獻尸侑訖主婦乃洗爵于房中出實爵尊南西面獻尸尸拜于筵上受主婦西面于主人席北拜送爵云主人席北即當阼階故云阼所立處此約有司徹而言也

贊九嬪之禮事

助九嬪贊后之事九嬪者贊后薦玉齍薦徹豆籩〇齍音咨

疏 注助九至豆籩○釋曰贊助也鄭云助九嬪贊后之事者以經云贊九嬪之禮事則助九嬪經自明矣知九嬪贊后者即鄭所引九嬪職贊后爲后薦玉齍薦徹豆籩等是九嬪贊后之事即是內宰助九嬪九嬪贊后也

凡賓客之祼獻瑤爵皆贊

謂王同姓及二王之後來朝覲爲賓客者祼之禮亞王而禮賓獻謂王饗燕亞王獻賓也瑤爵所以亞王酬賓

也坊記曰陽侯殺繆侯而竊其夫人故大饗廢夫人之禮非一故云凡以廣之云祼者謂行朝覲禮訖乃賓於戶牖之間獻謂王饗燕酬賓時后亦助王酬賓之禮○

疏凡賓至皆贊○釋曰賓客則王同姓及二王後以其享云祼者謂行朝覲禮訖即行三享之禮享饗燕賓客后亦助王獻賓瑤爵謂王饗燕酬賓時后亦助王酬賓皆贊助于后也○注謂王至之禮○釋曰鄭知賓客是王同姓及二王之後者見大行人云上公之禮再祼而酢侯伯一祼而酢子男一祼不酢則是上公乃有再祼王先一祼次后再祼按孝經緯云二王之後稱公則知二王之後有后祼也又案巾車云同姓金路鄭云王子母弟雖爲侯伯畫服如上公則此云王之同姓亦謂爲侯伯得與上公同再祼亦有后祼可知者同姓爲子男者則與異姓同一祼無后祼也故鄭云謂王同姓及二王之後來朝覲爲賓客者但祼時大宗伯代后至于拜送則后則內宰亦贊后拜送爵云祼之禮亞王而禮賓者案聘禮有以醴禮賓之言故鄭依而言之若據大行人則云祼也云獻謂王饗燕亞王獻賓也者后之祼者饗燕亦與焉案大行人云上公三饗三食三燕侯伯再饗再食再燕子男一饗一食一燕無飲酒之禮唯有饗燕耳饗者亨大牢以飲賓立行禮在廟獻依命數爵盈而不飲燕禮其牲狗行一獻之禮四舉旅降脫屨升坐其爵以醉爲度饗燕皆有獻賓酬賓后亦助王獻賓

酬賓之事内宰皆贊后也引坊記者陽國之侯來朝於穆侯穆侯饗陽侯之時穆侯夫人亦助君獻酬于賓其時陽侯見穆侯夫人色美遂殺穆侯而竊其夫人歸國故大饗廢夫人之禮引之者證古者諸侯夫人助君饗賓明天子后亦有助王饗燕賓故經云后祼獻之事也

致后之賓客之禮謂諸侯來朝覲及女賓之賓客

疏注謂諸至賓客○釋曰致后之賓客之禮者謂若酒正云致后之賓客之禮其掌客致夫人之禮彼諸侯夫人致禮于賓客法明后亦致牢禮於賓○鄭注掌客凡夫人禮皆使下大夫致之則此内宰亦下大夫也云女賓之賓客者謂畿内同姓諸侯夫人有會見王后之法故亦致禮焉

凡喪事佐后使治外内命婦正其服位使使其屬之上士内命婦謂九嬪世婦女御鄭司農云外命婦卿大夫之妻王命其夫后命其婦玄謂士妻亦爲命婦

疏凡喪至服位○釋曰喪言凡則王及后世子已下皆是以其皆有服位故云凡以廣之凡有喪事内宰皆佐后使其屬官治外内之命婦正其服之精麤位之前後也○注使使至命婦○釋曰以外内命婦卑故内宰不自治之故經云使明使其屬之上士治之云内命婦謂九嬪世婦女御者以其對外命婦故知内

命婦是九嬪已下可知也不言三夫人者三夫人從后不在治限故不言也司農云王命其夫后命其婦者先鄭見禮記玉藻曰。君命屈狄是子男夫人彼是后命之明王朝之臣亦王命其夫后命其婦可知玄謂士妻亦爲命婦者夏殷之禮爵命不及於士周之禮上士三命中士再命下士一命夫尊于朝妻榮于室明士妻亦爲命婦可知若然喪服命其命婦皆據大夫不含士者彼據降服不降服爲識。故唯據大夫爲命夫其妻爲命婦不及士也

凡建國佐后立市設其次置其敘正其肆陳其貨賄出其度量淳制祭之以陰禮市朝者君所以建國也建國者必面朝後市王立朝而后立市陰陽相承。之義次司次也敘介次也陳猶處也度丈尺也量豆區之屬鄭司農云佐后立市者始立市后立之也祭之以陰禮者市中之社先后所立社也故書淳爲敦杜子春讀敦爲純純謂幅廣也制謂匹長玄謂純制天子巡守禮所云制幣丈八尺純四𠃊與陰禮婦人之祭禮。淳劉諸允反注皆同徐音純朝直遙反下同介音界或作分一非純諸允反下同𠃊音紙與音餘

【疏】凡建至陰禮。釋曰王者建國非定一所隨世而遷謂若自契至湯八遷大王

遷岐文王遷豐武王遷鎬成王營洛皆是建國故云凡以該之也凡建國内宰佐后立市設其次謂司市所居置其敘謂胥師賈師等所居正其肆謂諸行列肆之等陳其貨賄貨賄爲有諸物皆陳列之也出其度量謂内宰佐后出度之丈尺量之斗斛及出淳之幅廣狹并制之丈八尺又於市中祭之以陰禮謂婦人之祭禮也○注市朝至祭禮○釋曰云市朝者君所以建國也者謂建國必須有市朝故鄭即還釋云建國者必面朝後市面朝後市乃冬官匠人文云王立朝者即三朝皆王立之也而后立市者即此文是也云陰陽相成之義者朝是陽王立之市是陰后立之獨陽不生獨陰不成故云陰陽相成之義也云次思次也者地官司市云思次介次彼注破思爲司字解之云敘介次也者亦司市文介副也謂若胥師賈師等所居也案司市注次謂吏所治舍思次介次也若今市亭然敘肆行列也與此注不同者鄭望文解之彼經無肆文故以敘爲行列并思次介次共爲一所解之此文自有肆文故分思次介次別釋也云陳猶處也者謂處置其貨賄也云度丈尺也者律歷有分寸尺丈引五度今只言丈尺略言之也云量豆區之屬者此案左氏昭公傳晏子云齊舊四量豆區釜鍾又案律歷五量籥合升斗斛此獨言豆區者之屬中含之又云祭之以陰禮者市中之社先后所立社

也者市乃先后所立故以陰禮爲市中之社亦先后所立社也云故書淳爲敦杜子春讀敦爲純純謂幅廣也制謂匹長玄謂純制天子巡守禮所云制丈八尺純四𢇁與此二者並增成子春義趙商問云天子巡守禮制丈八尺純四𢇁何答云巡守禮制丈八尺咫八寸四咫三尺二寸又大廣四當爲三三八二十四二尺四寸幅廣也古三四積畫是以三誤爲四也

中春詔后帥外內命婦始蠶于北郊以爲祭服

蠶于北郊婦人以純陰爲尊郊必有公桑蠶室焉○中音仲〔疏〕中春至祭服○釋曰云中春詔后帥外內命婦始蠶于北郊者內宰以仲春二月詔告也告后帥領外命婦諸臣之妻內命婦三夫人已下始蠶於北郊云以爲祭服者禮記祭義亦云蠶事既畢遂朱綠之玄黃之以爲祭服此亦當染之以爲祭服也○注蠶于至室焉○釋曰云蠶於北郊婦人以純陰爲尊者案禮記祭統云天子親耕於南郊鄭以諸侯爲少陽是天子以純陽爲尊則后蠶于北郊純陰爲尊也云郊必有公桑蠶室焉者案月令三月后妃親東鄉躬桑此云二月與彼不同者案馬職云禁原蠶者彼注天文辰爲馬引蠶書曰蠶爲龍精月值大火則浴其種是蠶與馬同氣故此亦仲春始蠶蠶者亦謂浴種至三月臨

生蠶之時又浴種乃生之故設文異也 **歲終則會內人之稍食稽其功事** 內人主謂九御 〈疏〉歲終至功事○釋曰歲終亦謂周之季冬內宰則會計內人女御之稍食稍食則月請是也云稽其功事者稽計也又當計女御絲枲二者之功事以知多少○注內人主謂九御○釋曰知內人主是女御者案典婦功授嬪婦及內人女功之事齎嬪婦既是九嬪世婦明內人是九御也 **佐后而受獻功者比其小大與其麤良而賞罰之** 獻功者九御之屬鄭司農云烝而獻功玄謂典婦功曰及秋獻功 〈疏〉佐后至罰之○釋曰佐后而受獻功者謂內宰佐助后而受女御等獻絲枲之功布帛等云比其小大與其麤良者布帛之等縷小者則細良縷大者則麤惡今言麤不云惡言良不云細者互見爲義也云而賞罰之者良則賞之麤則罰之以示懲勸也○注獻功至秋獻功○釋曰鄭知獻功是九御之屬者上文云以婦職之法教九御明所受獻功是九御之屬可知司農云烝而獻功謂冬獻功玄引典婦功職秋獻功不從先鄭者以其內宰佐后受明是婦官所造還是典婦功女御等秋獻功也 **會內宮之**

財用計夫人以下所用財〔疏〕會內宮之財用。釋曰以其云內宮是揔六宮之內所有財用皆會計之故鄭云計夫人以下所用財也正歲均其稍食施其功事憲禁令于王之北宮而糾其守均猶調度也施猶賦也北宮后之六宮謂之北宮者繫于王言之明用王之禁令令之守宿衞者。調徒弔反度待洛反或如字〔疏〕正歲至其守。釋曰正歲謂建寅之月歲始故揔均宮中所受稍食月俸之人因歲始又施其女功絲枲之事憲禁令于王之北宮者亦以歲始憲謂表縣禁令于王之北宮北宮則后宮而糾其守者謂宿衞之子弟糾其惰慢者也。注均猶至衞者。釋曰鄭以均為調度者受月請者尊卑各有常度令均之者謂調之使依常度云謂之北宮者係於王言之明用王之禁令令之者欲見王有六寢后有六宮各自不同必繫王而言者婦人有三從之義后雖自有六宮必資王之禁令故繫王而言也云守宿衞者謂若宮伯所掌士庶子者也上春詔王后帥六宮之人而生穜稑之種而獻之于王六宮之人夫人以下分居后之六宮者古者使后宮藏種以其有傳類蕃孳之祥必生而獻之示能育之使不傷敗且以佐王耕事共禘郊也鄭司農云先種後孰謂之穜後種先孰謂之稑王當以耕種于藉田玄謂詩云黍稷穜稑是也夫人以下分居后之六宮者每宮九嬪一人世婦三人女御九人其餘九嬪三人世婦九人女御二十七人從后唯其所燕息焉從后者五日而沐浴其次又上十五日而徧云夫人如三公從容論婦禮○穜直龍反本或作重音同案如字書禾旁作重是種稑之字作童是種殖之字今俗則反之稑音六本又作穋同之種章勇反注藏種同傳直宣反下同番音煩孳音玆又作滋又上時掌反而徧云音遍絶句從容如字

［疏］上春至于王○釋曰上春者亦謂正歲以其春事將與故云上春也内宰以上春建寅之月又詔告王后帥領六宮之人而生穜稑之種而獻之于王者一則助王耕事二則示於宮内無傷敗之義也○注六宮至婦禮○釋曰云古者使后宮藏種以其有傳類蕃孳之祥者王妃百二十人使之多爲種類藏種者亦是種類蕃孳之祥故使藏種也云必生而獻之示能育之使不傷敗者生此種乃獻之非直道此種不傷敗示於宮内懷孕者亦不傷也云且以佐王耕事者王親耕后親蠶皆爲祭事今后雖不耕藏種獻之者亦是佐王耕事云共禘郊也者禘謂祭廟郊謂祀天舉尊言之其實山川社稷

等皆用之也鄭司農云先種後孰謂之種後種先孰謂之稑者今世見有此先種後孰後種先孰目驗可知也玄謂詩云黍稷種稑是也此增成先鄭義亦以其先鄭直云先種後種不見穀名後鄭意黍稷皆有種稑云夫人以下分居后之六宮者此已下亦是增成。鄭義所分居者唯據九嬪以下三夫人不分居而云三夫人以下則餘三夫人亦得爲三夫人以下也云每宮者后六宮故云每此言與下爲目也九嬪一人者九嬪九人六宮各一人則三人在也世婦三人者世婦二十七人六宮每宮三人則九人在也女御九人者女御八十一人六宮宮各九人餘二十七人在也其餘謂不分者故云其餘九嬪三人世婦九人女御二十七人也云從后唯其所燕息焉者后不專居一宮須往即停故云唯其燕息焉云從后者五日而沐浴者凡侍尊者須潔淨故須沐髮浴身體也其次又上十五日而徧云者鄉所分居六宮九嬪以下皆三分之一分從后兩分居宮假令月一日一分從后至月五日從后者五日滿則右邊三宮之中舊居宮者來替此從后者從后者又來入右邊三宮從后者至十日又滿則左邊三宮者來替此從后者從后者來居左邊三宮又至十五日則三畨摠遍故云十五日而遍。云者無正文鄭以意酙之故言云以疑之云夫人如三公從容論婦禮者王后六宮夫人有三

分居不遍因即尊之三公坐與王論道三夫人尊卑與三公同三公侍王三夫人亦侍后故取並焉者以證三夫人不分居宮之義也

內小臣掌王后之命正其服位命謂使令所爲或言王后或言后通耳○令力呈反疏內小至服位○釋曰敘官云奄上士四人案夏官大僕云掌正王之服位出入王之大命則大僕掌王命及服位此小臣亦云掌王后之命正其服位則小臣侍后與大僕侍王同也○注命謂至遍耳○釋曰云命謂使令所爲者以其后無外事明云命者是使令所爲云或言王后或言后遍耳者以此經及上經皆云王后下文則皆云后鄭恐人以爲別有義意故云通耳無義例也

后出入則前驅道之疏后出至前驅○釋曰此小臣是奄人與后導道是其常也

若有祭祀賓客喪紀則擯詔后之禮事相九嬪之禮事正內人之禮事徹后之俎擯爲后傳辭有所求爲詔相正者異尊卑也俎謂后受尸之爵飲于房中之俎○道音導

相息亮反注同【疏】若有至之俎○釋曰云若有祭祀賓客爲后于僞反喪紀則擯者此三者事至無常故云若若不定之辭也則擯者此三者后皆有事九嬪以下從后往也三事皆與后爲擯贊也云詔后之禮事相九嬪之禮事正内人之禮事者詔相正皆是上擯但據尊卑不同故以詔相別之云徹后之俎者謂后於東房中受尸酢之俎内小臣徹之○注擯爲至之俎○釋曰言擯爲后傳辭有所求爲者后爲上三事須物則小臣擯贊而傳辭與諸司求物供所爲也云詔相正者異尊卑也者后尊云詔詔告而已九嬪稍卑則言相相佐助之言也女御卑直正之而已云俎謂后受尸之爵飲於房中之俎者天子諸侯祭禮亡案特牲薦俎乃受尸之酢夾主婦酳尸尸酢主婦於東房中受尸之酢亦有薦俎后之俎小臣所徹亦約與士禮主婦之俎同也

后有好事于四方則使往有好令於卿大夫則亦如之

后於其族親所善者使往問遺之○好呼報反下同遺唯季反【疏】注后於至遺之○釋曰后於其族親者后有族親在四方謂畿外諸侯於王有親謂若魯衞晉鄭之等也於卿大夫亦謂同姓族在朝廷者也王后意行所善遺○小臣往以物問遺之四方諸侯言事卿大夫言令

者后雖無正令施與卿大夫特有言教至焉故云**掌王之**
令也后於畿外全無言教所及故以事言之也
陰事陰令陰事羣妃御見之事若今掖庭令晝漏不盡
八刻白錄所記推當御見者陰令王所求爲
於北宮○見賢遍反下同掖劉音亦〔疏〕注陰事至北宮○釋曰云陰事羣妃
御見之事者謂若九嬪職後鄭所云
者是也又云陰令王所求爲於北宮者王於北宮求爲謂若
縫人女御爲王裁縫衣裳及絲枲織紝之等皆是王之所求
索王之所造爲者也言北宮者對王六
寢在南以后六宮在北故云北宮也

閽人掌守王宮之中門之禁中門於外內爲中若今宮闈門鄭司農云
王有五門外曰皐門二曰雉門三曰庫門四曰應門五曰路
門路門一曰畢門玄謂雉門三門也春秋傳曰雉門災及兩
觀○觀古亂反〔疏〕閽人至之禁○釋曰言閽人者墨者使守門閽
人守王宮中門耳中門者王有五門雉門爲中
門掌守雉門之禁譏其出入之者也○注中門至兩觀○釋
曰中門於外內爲中者雉門外有皐庫內有應路故云於外
內爲中也鄭司農云王有五門庫門在雉門內爲中門路門
一曰畢門者取尚書顧命云二人爵弁立於畢門之內言路

門者路大也人君所居皆曰路以大爲名言畢門者從外而
入路門爲終畢玄謂雉門爲三門者　破先鄭雉門爲二門必
知雉門爲中門者凡平諸侯三門有皋應路詩云乃立皋門
皋門有伉乃立應門應門將將者是也若魯三門則有庫雉
路故明堂位說魯制三兼四云庫門天子皋門則庫門向外
兼皋門矣又云雉門天子應門則雉門向內兼應門矣既言
庫門向外兼皋門雉門向內兼應門則天子五門庫門在雉
門外明矣又引春秋傳者定公二年夏五月壬辰雉門及兩
觀災公羊傳曰曷爲不言雉門災及兩觀主災者兩觀也主
災者兩觀則曷爲後言之不以微及大也今鄭所引不與彼
傳同者鄭勘傳非彼正文也引之者證魯有三門雉門有
兩觀爲中門則知天子五門雉門亦爲中門有兩觀矣　喪

服凶器不入宮潛服賊器不入宮奇服怪民不入宮喪服衰絰也凶器明器也潛服若衷甲者賊器盜
賊之任器兵物皆有刻識奇服衣非常春秋傳曰
尨奇無常怪民狂易○衰徐音崔識式志
反又音式尨士江反易以豉反徐音陽

〔疏〕注喪服至狂易○釋曰鄭
云喪服衰絰也者案下曲禮云苞屨扱衽厭冠不入公門苞
屨謂杖齊衰扱衽斬衰初死服厭冠緦小功冠檀弓云士唯

公門脫齊衰服問云大功免經鄭云衰經義出於彼也云凶器明器也者案士喪禮主人所造曰明器賓客所致曰就器此經凶器亦應兼有就器而云凶器明器者以主人明器爲主也云潛服若衷甲者謂若襄公二十七年將盟于宋西門之外楚人衷甲是也云兵物皆有刻識者案定十年侯犯以郈叛叔孫氏之甲有物是也云奇服衣非常春秋傳曰尨奇無常者案閔二年晉使大子申生伐東山皐落氏衣以偏衣佩之金玦罕夷曰尨奇無常金玦不復先丹木曰狂夫阻之是也

凡內人公器賓客無帥則幾其出入三者之出入當須使者符節乃行鄭司農云公器將持公家器出入者幾謂無將帥引之者則苛其出入○帥色類反注同使色吏反將帥子匠反苛本又作呵呼河反又音何徐黑嗟反

【疏】注三者至出入○釋曰云當須使者符節者道路用旌節乃得行耳

以時啓閉時漏盡

【疏】時漏盡○釋曰漏盡者謂若夏至晝則日見之漏六十刻夜則四十刻冬至晝則日見漏四十刻夜則六十刻就時之間大判九日校一刻

凡外內命夫命婦出入則爲之闢辟行人使無干也內命夫卿大夫士之在宮中者○爲于僞反

闢本又作辟婢亦反避也注同〔疏〕注辟行至中者○釋曰內命夫卿大夫士之在宮中者謂若宮正所掌者也對在朝卿大夫士爲外命夫鄭雖不解外內命婦其外命婦則摠外內命夫之妻內命婦即三夫人已下也**掌埽門庭**門庭門相當之地○埽素報反〔疏〕注門庭至之地○釋曰閽人掌中門則門相當之地唯中門外之地謂之門庭也若餘門庭則各有守門者埽之也**大祭祀喪紀之事設門燎蹕宮門廟門**燎地燭也蹕止行者廟在中門之外○燎力召反又力弔反〔疏〕大祭至廟門○釋曰喪紀設門燎蹕宮門廟門者大喪以下朝廟及出葬之時宮中及廟門皆設門燎蹕止行人也○注燎地至之外○釋曰燎地燭也者燭在地曰燎謂若天子百公五十侯伯子男皆三十所作之狀蓋百根葦皆以布纏之以蜜塗其上若今臈燭矣對人手爇者爲手燭故云地燭也又云廟在中門之外者謂若小宗伯云左宗廟右社稷**凡賓客亦如之**〔疏〕凡賓至如之○釋曰賓客在宮中廟謂若饗食在廟燕在寢皆爲設門燎及蹕止行人

寺人掌王之內人及女宮之戒令相道其出入之事而糾之內人女御也女宮刑女之在宮中者糾猶割察也○相息亮反下及注同道徒報反後同〔疏〕注內人至察也○釋曰女宮刑女之在宮中者謂男女沒入斯宮爲嬪者也若有喪紀賓客祭祀之事則帥女宮而致於有司有司謂宮卿世婦〔疏〕注有司至世婦○釋曰知有司是宮卿世婦者案春官宮卿世婦云掌樂宮之宿戒及祭祀比其具此既言致於有司明是男子宮卿所掌女宮也非是下文世婦之帥女宮者也佐世婦治禮事世婦二十七世婦〔疏〕注世婦至世婦○釋曰上云有司是宮卿世婦摠此亦是彼世婦故鄭云二十七世婦以寺人是奄者故得佐世婦治喪事禮事即世婦所掌祭祀賓客喪紀之事是也掌內人之禁令凡內人弔臨于外則帥而往立于其前而詔相之從世婦所弔若哭其族親立其前者賤也賤而必詔相之者出入於王宮未可以關於禮

○臨戹鴆反後同〔疏〕注從世至於禮○釋曰鄭知從世婦不自弔臨者此在言凡內人弔臨于外不指斥其事故知不自弔臨案世婦職云掌弔臨于卿大夫之喪故內人得從之也云若哭族親者世婦所掌弔唯云弔卿大夫云哭族親據理而言王后有哭族親之法則內人女御亦往哭之

內豎掌內外之通令凡小事內后六宮外卿大夫也使童豎通王內外之命給小事者以其無與爲禮出入便疾內外以大事聞王則俟朝而自復○便婢面反朝直遥反下同〔疏〕注內后至自復○釋曰鄭知豎是童子者謂若春秋左氏叔孫穆子於庚宗婦人生牛牛能奉雉使爲豎也又知童子無與爲禮者案禮記玉藻云童子無事則立於主人之南北面云內外以大事聞王則俟朝而自復者經云凡通小事復自也明大事待朝自復不使內豎也

若有祭祀賓客喪紀之事則爲內人蹕內人從世婦有事於廟者內豎爲六宮蹕者以其掌內小事○爲于僞反注下同〔疏〕若有至人蹕○釋曰此豎爲祭祀賓客喪紀三事爲內人蹕者皆謂在廟時若然祭祀在廟謂禘祫四時之祭祀也賓客在廟

謂饗食時也喪紀在廟謂喪朝廟爲祖奠遣奠時也皆爲內人蹕止行人也○注內人至小事○釋曰鄭知內人從世婦者內人卑不專行事案下世婦職云掌祭祀已下三事與此經三事同明此內人從世婦而濯摡及爲粢盛也云內豎爲六宮蹕者以其掌內小事者以其蹕止行人○人既是小事故還使內豎掌小事者蹕也

王后之喪遷于宮中則前蹕及葬執褻器以從遣車喪遷者將葬朝于廟褻器振飾頮沐之器○遣棄戰反後遣車皆放此頮呼內反【疏】王后至遣車○釋曰后喪遷於宮中謂七月而葬將葬而朝七廟則亦使內豎在車前蹕止行人也云及葬執褻器以從遣車者謂朝七廟訖且將行在大祖廟中爲大遣奠苞牲取下體天子大牢苞九箇遣車九乘后亦同使人持之往如墓則此內豎執褻器從遣車之後以其遣車載牲體鬼神依之故使執褻器從之若生時亦執褻器從也○注喪遷至之器○釋曰鄭知喪遷是將葬朝於廟者以其喪柩遷在宮中唯有朝廟時故禮記檀弓云周朝而遂葬是也云褻器振飾頮沐之器者以其從遣車若生時從后后之私褻小器唯有振飾頮沐之器故爲此解也若然玉府云凡褻器鄭注以爲清器虎子不爲振飾頮沐器者彼

據生時故與牀第等連文但死者器物雖皆不用仍法其威儀者故此注褻器爲振飾頮沐器者案特牲爲尸而有槃匜并有簞巾巾爲振飾槃匜爲盥手明其頮面沐髮亦有之故既夕禮用器之中有槃匜是送葬之時有褻器也

九嬪掌婦學之灋以教九御婦德婦言婦容婦功各帥其屬而以時御敘于王所婦德謂貞順婦言謂辭令婦容謂婉娩婦功謂絲枲自九嬪以下九九而御於王所九嬪者既習於四事又備於從人之道是以教女御也教各帥其屬者使亦九九相與從於王所息之燕寢御猶進也勸也進勸王息亦相次敘凡羣妃御見之法月與后妃其象也卑者宜先尊者宜後女御八十一人當九夕世婦二十七人當三夕九嬪九人當一夕三夫人當一夕后當一夕亦十五日而徧云自望後反之孔子云日者天之明月者地之理陰契制故月上屬爲天使婦從夫放月紀○婉於阮反娩音晚見賢遍反月上時掌反放方往反〔疏〕九嬪至王所○釋曰云掌婦學之灋者謂婦人所學之法即婦德已下是

也言以時御敘于王所者謂月初甲者爲始望後尊者爲先是也○注婦德至月紀○釋曰鄭知婦德謂貞順已下義如此者但此經雖有四事之言無事別目案內則云姆教婉娩聽從執麻枲治絲繭織紝組紃故鄭此注婦德謂貞順當彼聽從此云婦容謂婉娩還當彼婉娩也此云婦功謂絲枲還當彼執麻枲已下惟婦言注與彼少異此注以婦言謂辭令彼內則注以婉爲言語娩之言媚也謂容貌也不同者以彼經無四事之言故分婉娩爲二事以充四德此有四事之言故并婉娩爲容貌別以辭令解婦言然彼以婉娩亦兼婦言者以其言語婉順亦得爲容貌故也云自九嬪以下九九而御於王所者欲見三夫人及后各當一夕不爲九御也言此者釋經稱女御爲九御之意云九嬪者既習於四事又備於從人之道是以教女御也者釋經使九嬪教女御之意云既習於四事即經婦德之等是也云又備於從人之道謂御序之事即經各帥其屬以時御敘於王所是也云各帥其屬者使亦九九相與從於王所息之燕寢者此釋經以時御敘于王所之事云亦九九相與從王者亦上居宮及以作二事皆九人相配故以亦之也云御猶進也勸也進勸王息者案左傳云君子晝以訪問夜以安身女者定男於夜節宣其氣故云勸王息也云亦相次敘者亦上居宮有次敘也云凡羣妃

御見已下無正文鄭以意消息婦人者陰象月紀故月與后妃其象也云卑者宜先尊者宜後者案禮運云三五而盈三五而闕后以下法之故從微嚮著卑者宜先從著嚮微卑者宜後也云亦十五日而徧云者言亦者亦上居宮言云者亦無正文故以云疑之也云孔子云已下者孝經援神契文但彼是孔子所作故言孔子云也云日者天之明者本合在天云川者地之理者本合在地今以陽尊而陰卑月乃爲天契制所使故云陰契制上屬爲天使是以月上屬於天隨日而行云婦從夫放月紀者解后已下就王燕寢而御之意

凡祭祀贊玉齍贊后薦徹豆籩玉齍玉敦受黍稷器后進之而不徹故書玉爲王杜子春讀爲玉○齍音咨劉音祖稽反敦音對○

〔疏〕凡祭至豆籩○釋曰言凡祭祀者后無外事唯有宗廟禘祫與四時月祭等故云凡祭祀贊玉齍者但祭祀之時男子進俎婦人設豆籩齍簋贊贊助也助后薦玉齍也云贊后薦徹豆籩者豆籩之薦與徹皆助后也○注玉齍至爲玉釋曰云玉齍玉敦受黍稷器者案明堂位云有虞氏之兩敦周之八簋則周用簋特牲少牢大夫士用敦今周天子用玉敦者明堂位盟魯得兼用四代之器用敦明天子亦兼用可知云玉敦者謂以玉飾敦謂若玉府云珠盤玉敦但彼以珠

粢盛牛耳玉敦盛血此玉敦盛黍稷爲異耳云后進之而不徹知者豆籩云贊薦徹玉齍直贊不云薦徹明直贊進之而已案禮器云管仲鏤簋注云天子飾以玉此直云玉敦則簋亦飾以玉而不云者但玉敦后親執而設之故特言之其簋則九嬪執而授后后設之若少牢主婦親受韭菹醓醢其餘婦贊者授主婦主婦設之故不言也

若有賓客則從后當贊后事〔疏〕注當贊后事○釋曰后之有事於賓客者唯有諸侯來朝王親饗燕后當助王饗燕時九嬪從后往也

大喪帥敘哭者亦如之亦從后帥猶道也后哭衆之次敘者乃哭〔疏〕大喪至如之○釋曰大喪謂王喪帥敘哭者謂若外內命婦哭時皆依尊卑命數在后後爲前後列位哭之故須帥導使有次敘也

附釋音周禮注疏卷第七

知南昌府張敦仁署鄱陽縣候補知州周澍栞

周禮注疏卷七挍勘記　阮元撰盧宣旬摘錄

附釋音周禮注疏卷第七

司書

久藏將朽蠹　余本嘉靖本蠹作蠧葉鈔釋文同

云式據用財言之　閩毛本同案云當作九監本云下剜擠九字非

重以其職　監本以改於

謂司會八法八則之貳是也　此本法作灋據閩監毛本訂正

本在生利也　惠挍本作中正生利也

掌事者受灋焉　諸本同監本灋誤法唐石經闕

法猶數也　此本閩本法誤灋今據嘉靖本監毛本訂正疏中準此

要寫一通副貳文書 惠校本要下有謂

考其法於司書 此本閩監毛本法誤灋今據宋本余本嘉靖本訂正

職內

而執其總 唐石經宋本嘉靖本閩本同監毛本總改緫

總謂簿書之種別與大凡 諸本同盧文弨云上種類釋文種別當音彼列反今皆不著則陸所見本當是總謂簿書之大凡無種別與三字種別之與大凡義正相反注疏本係誤衍觀賈氏所釋亦似無此三字案賈疏釋上經注辨字云種類不同須分別之又云分別使衆類相從釋此經注總字云總謂稅入多少總要簿書是此注之言種別爲衍文無疑○按財用物既種類相從則簿書有種別有種別因有大凡辨謂處物總謂簿書刪去三字則失其義矣

賦是捴名 閩監毛本捴作總案總捴同字後人分別綂總字從糸捴凡字從手義疏舊本捴凡字皆

從手此因唐石經作總故經字皆作糸旁而賈疏自釋之辭仍用手旁以區別之其實一字也

故云受其貳令書之　浦鏜云令下脱而

彼注云王有令　盧文弨云御史注令作命

所以得有物出與入者　盧文弨云入當作人

釋曰言會者　惠挍本言作及此誤

以已之入財之數　閩本已作已此誤

謂轉運給他　宋本他作也案疏云更給他官

職歲

以待會計而攷之　唐石經諸本同宋本攷作考非案經作攷用古字注作考用今字

及至也至歲終會計之時　惠挍本無至也

職幣

振猶抍也檢也宋本嘉靖本檢作撿案唐人書檢字多從手此作木旁蓋由近人所改

以書楬之唐石經余本閩監毛本同釋文亦作楬從木宋本嘉靖本漢制考作揭字從手注中同○按從木者是

司裘

爲此大裘惠挍本爲作惟此誤

仲秋鳥獸毨毨釋文毨音毛毨先典反九經古義云毨當爲髦字之誤也鄭氏尚書云中秋鳥獸髦毨中冬鳥獸氄毨髦涉下而誤耳

惟若有䌟裘以誓獮浦鏜云玉藻獮作省注云省當爲獮

人功微麤宋本麤作麄俗字此本䟽中亦作人功微麄○今並訂正

鄭彼注引孔子素衣麛裘　此與禮記注合閩監毛本麛作麑依今論語所改○按說文作麛俗作麑

又方制之以爲辜　諸本多誤余本岳本辜作辜當訂正釋文爲辜諸允反本亦作準惠挍本疏中亦作辜○按說文作埻正字也

著于侯中　余本于當於當訂正釋文標著於二字

參七十干五十　宋本余本嘉靖本閩本同岳本亦作干監毛本參改糝干改豻案釋文參七素感反干五劉音鴈本又作豻今本作糝作豻非參七十干五十大射文注云參讀爲糝干讀爲豻

故書諸侯則共熊侯虎侯　宋本余本嘉靖本閩本同監毛本熊侯誤熊虎漢讀考云說文侯天子射熊虎豹諸侯射熊虎此從故書以熊侯爲最貴天子諸侯同之射人王以六耦射三侯鄭司農云三侯熊虎豹也與許云天子射熊虎豹合然則經文本作王大射則共熊侯虎侯豹侯作義疏者因司農說虎侯王所自射

熊侯諸侯所射因升虎於熊上耳司常熊虎爲旗熊在虎上射人注熊虎豹余仁仲本如是作疏者亦易爲虎熊豹

旣云天子將祭必先習射 浦鏜云卽誤旣

天子以射擇諸侯卿大夫士 惠校本擇作選

糝七十豻五十者大射所云者是也 惠校本作參七十干五十與大射合此本因下云糝侯者糝雜也遂改參爲糝閩監毛本作糝作豻

大侯者豻侯也 閩監毛本作熊侯也與大射注合

先鄭意以鵠字與鵠鵠字同 閩本同誤也監毛本作鴇鵠字同當不誤

見鄉侯五十弓 閩本同監本剜擠複出鄉射二字毛本遂排入

謂象飾而作之 諸本皆作象似疏云象似生時而作此作飾涉經飾皮車致誤

凡爲神之偶衣物必沽而小耳 案賈疏讀凡爲神之偶衣句絕物必沽而小耳句絕

惠士奇云物當屬上句○按惠說是

掌皮

式灋作物所用多少故事余本嘉靖本灋作法下疏同當訂正

行道曰齎浦鏜云行道下脫之財用三字

先鄭意一部書案書下當脫内

內宰

稍食吏祿稟也宋本嘉靖本稟作稾非祿稟與倉稾絕不同

吏即閽寺弟子惠挍本作子弟此誤倒

故内宰口更别教之也閩本亦實闕一字監毛本補作特○按此當是復字扶又反上經教皇后此經教夫人九嬪世婦而省文單舉九嬪

漢法又有宮禁云　漢制考同閩監毛本官作宮○按當是宮字

謂道妖衺巫蠱　漢制考蠱作術

大祭祀后祼獻則贊瑤爵亦如之　唐石經瑤爵上更有贊字今本脫案下云凡賓客之祼獻瑤爵皆贊承此經言之則此經當祼獻言贊瑤爵言贊也○按亦如之者謂亦贊也正下文所謂皆贊也若瑤上復有贊字則不可通唐石經非

謂王薦腥薦孰　宋本余本嘉靖本閩本同監毛本孰改熟疏是其薦腥薦孰也同

其爵以瑤爲飾　此本其誤瑤今據諸本訂正

室中二灌訖王出迎時　浦鏜云牲誤時

皆內宰告后　此本脫宰據閩監毛本補

陽侯殺穆侯而竊其夫人　浦鏜云坊記穆作繆

乃賓於戶牖之間　惠挍本賓上有禮此脫

畫服如上公　惠挍本作車服今巾車注亦作畫蓋誤

者同姓爲子男者　浦鏜云若同姓誤者

案大行人云上公三饗　浦鏜云掌客誤大行人監本三誤二

四舉旅降脫屨升坐　浦鏜云四疑至字誤

明后亦致牢禮於賓　惠挍本賓下有客此脫

禮記玉藻曰　惠挍本曰作云

喪服命其命婦　惠挍本其作夫此誤

彼據降服不降服爲識　閩本同監毛本識作說訂正

陰陽相承之義次司次也　閩監毛本同宋本余本嘉靖本承作成司作思賈疏本同浦鏜

云釋曰彼處破思爲司字解之則此仍作思字也

故書淳爲敦杜子春讀敦爲純　漢讀考云此子春易敦爲純鄭依所據本作淳稱天子巡狩禮以爲證也質人淳制杜亦云淳當爲純禮說云丈尺緯制見管子君臣篇斗斛敦概見荀子君道篇杜讀爲純義本淮南墜形訓門閭四里里閭九純純丈五尺注云純量名

此案左氏昭公傳　浦鏜云昭公下當脫三年

五量籥合升斗斛　惠挍本籥作龠此誤

案馬職云　浦鏜云質誤職

故設文異也　惠挍本文下有有字

稍食則月請是也　案月請乃月俸之誤下經均其稍食疏云所受稍食月俸之人可證此本俸字缺壞似請閩監毛本遂誤作請下節疏受月請者同

會內宮之財用　唐石經諸本同方苞云內宮當作內官文誤也周語內官不過九御案疏云內宮是摠六宮之內所有財用皆會計之然則內宮猶宮內也與國語義別女史逆內宮注云鉤考六宮之計此經作內宮之證方亦以爲當作官非也

施猶賦也　浦鏜云頒誤賦從注按○按鏜誤也古凡以物分布曰賦國語社而賦事烝而獻功說文斂賦事也吳都賦方雙轡而賦珍羞注妄改而鏜從之

繫于王言之　疏引注于作於此非

係於王言之　案係當依注作繫下云必繫王而言者作繫可證

共禘郊也　此本禘作帝誤今據諸本訂正

王當以耕種于藉田　宋本余本嘉靖本閩本同監毛本藉作籍誤

此已下亦是增成鄭義　案鄭上當脫先字

故云十五日而遍 此引注遍當作徧賈疏自釋用遍字○按徧者説文字遍者唐人俗字

内小臣

遺小臣往以物問遺之 浦鏜云上遺當遣字誤

后於畿外全無言教所及 此本畿誤幾今據閩監毛本訂正

白錄所記推當御見者 宋本岳本嘉靖本漢制考同閩毛本白誤日監本誤目宋本記下空闕一字嘉本作白所記錄○按漢官舊儀有此條作白錄所記

閽人 嘉靖本閩本同唐石經宋本監毛本作閽注及疏諸本皆作閽釋文閽人葉鈔本作閽

若今宮閽門 閩監本同誤也宋本嘉靖本毛本作宮闕門當據以訂正

二曰雉門三曰庫門 宋本作二曰庫門三曰雉門誤

皋門有亢 浦鏜云伉誤亢按詩釋文有伉本又作亢與此正合非誤也

則爲之闢　唐石經諸本同釋文闢本又作辟婢亦反避也注同案釋文知經本作辟孟子行辟人可證此注云辟行人使無干也經作闢蓋非○按經典多作辟然古經用字不一例未可謂闢爲非也

蹕宮門廟門　唐石經諸本同漢讀考云說文走部趕止行也從走畢聲足部無蹕字今周禮皆作蹕惟大司寇釋文作趕

對人手爇者爲手燭　浦鏜云執誤爇非也

寺人

謂男女沒入斯宮爲嬪者也　惠挍本作男女沒入縣官爲奴者也此誤

掌樂宮之宿戒　惠挍本作女宮

故得佐世婦治喪事　惠挍本喪作禮此誤

凡內人弔臨于外　唐石經宋本岳本嘉靖本閩本同監毛本于誤於

內豎

則立於主人之南北面 浦鏜云南北字誤倒

以其蹕止行人 毛本同閩本人字複衍監本先衍後刊落

執褻器以從遣車 余本同唐石經宋本嘉靖本閩監毛本褻作褻唐石經下載九嬪職連書不提行後磨刮此句重刻空一字原刻車字尚隱然可辨故每行皆十字此行獨十一字

天子大牢苞九箇 惠挍本箇作个

知其振飾類沐器者 惠挍本其作有

九嬪

明堂位盟爵得兼用四代之器 閩本同監本剜改盟作賜毛本從之

衆之次敘者乃哭 宋本余本岳本同嘉靖本作衆之次序者乃哭經作敘注作序須人易曉是也

閩監毛本衆之誤倒作之衆

周禮注疏卷七挍勘記終

南昌袁秦開挍

附釋音周禮注疏卷第八

鄭氏注　賈公彥疏

世婦掌祭祀賓客喪紀之事帥女宮而濯摡爲齍盛摡拭也爲猶差擇。摡古愛反拭音式清也【疏】世婦至齍盛。釋曰此婦人所掌祭祀謂祭宗廟賓客謂饗食諸侯在廟喪紀謂大喪朝廟設祖奠與大遣奠時爲此三事則帥女宮而濯摡案少牢饔人摡鼎俎廩人摡甑甗司宮摡豆籩皆使男子官不使婦人者彼以大夫家無婦官及無刑女故并使男子官此天子禮有刑女及婦官故與彼異也。注爲猶差擇。釋曰祭祀黍稷舂人舂之饎人炊之皆不使世婦故此爲非舂非炊是差擇可知也

及祭之日涖陳女宮之具凡内羞之物涖者臨也。内羞謂房中之羞。涖音利又音類【疏】及祭至之物。釋曰案春官世婦官卿云掌女宮之宿戒及祭祀比其具此官直臨之而已云凡内羞之物者謂糗餌粉餈案少牢皆從房中而來故名爲内羞是以鄭云内羞房中之羞也

掌

弔臨于卿大夫之喪王使往弔。[疏]注王使往弔○釋曰之喪掌其弔臨注云王后弔臨諸侯而已是以言掌卿大夫云文同而注異者彼上文云王后有事則從大喪序哭者哭諸侯亦如之彼文與后事相連彼主於后此上文無后故知此王使往可知也若然后事無外事彼弔諸侯謂三公王子母弟若畿外諸侯則后不弔以其王爲三公六卿錫衰諸侯緦衰后不弔畿外諸侯既輕於王之卿卿既后不親弔畿外諸侯不親弔可知若然喪大記諸侯夫人弔卿大夫士之喪者以其諸侯臣少故不分別尊卑夫人皆弔之也案司服公卿大夫皆王親弔之此文使世婦往弔者此蓋使世婦致禮之物但弔是大名雖致禮亦名爲弔是以大僕云掌三公六卿之弔勞注云王使往小臣云掌士大夫之弔勞注云致禮同名爲弔是其事也此所弔不言三公與孤者文不具也

女御掌御敘于王之燕寢言掌御敘防上之專妬者于王之燕寢則王不就后宮息。[疏]注言掌至宮息○釋曰鄭云掌御敘防上之專妬宮息者鄭解不使九嬪世婦掌房之意若使在上掌之則有妬疾自專之事今使女御掌之官卑不敢專妬故也云于王之燕寢則王不就后宮息者破舊說云王就后宮者故

鄭云此也以歲時獻功事絲枲成功之事〔疏〕注絲枲成功之事釋曰上內宰云教九御使各有屬以作二事即此獻功之事故知此經獻功事是絲枲爲布帛成而獻之也凡祭祀贊世婦助其帥涖女宮〔疏〕注助其帥涖女宮○釋曰上世婦職云掌祭祀賓客喪紀帥女宮及祭之日涖女宮之具故知此贊者助其涖女宮也大喪掌沐浴王及后之喪〔疏〕注王及后之喪釋曰王及后喪沐用潘浴用湯始死爲之於南牖下但男子不死於婦人之手今王喪亦使女御浴者案士喪禮浴時男子抗衾則不使婦人今王喪沐或使婦人而浴未必婦人或亦供給湯物而已亦得謂之掌也后之喪持翣翣棺飾也持而從柩車○翣所甲反〔疏〕后之喪持翣○釋曰案禮器云天子八翣又漢制度皆戴璧后喪亦同將葬向壙之時使此女御持之左右各四人故鄭云持而從柩車也從世婦而弔于卿大夫之喪從之數蓋如使者之介云○使所吏反介音界〔疏〕注從之至介云○釋曰王之妃妾三夫人象三公九嬪象孤卿二十七世婦象大夫女御象元士但介數依命數爲差則王之大夫四命世婦之從

亦四人以無正文故言蓋言云以疑之也

女祝掌王后之內祭祀凡內禱祠之事內祭祀六宮之中竈門戸禱疾病求瘳也祠報福○禱丁考反一音都報反〔疏〕注內祭至報福○釋曰依祭法王立七祀有戸竈中霤門行泰厲司命后亦與王同今鄭直云內祭祀戸竈門戸者以其婦人無外事無行與中霤之等其竈與門戸人所出入動作有出后亦當祀之故言竈與門戸也案月令春祀戸夏祀竈秋祀門后祀之時亦當依此也云禱疾病求瘳也祠報福者以其后無外事禱祠又是非常之祭故知唯有求瘳報福之事也

掌以時招梗禬禳之事以除疾殃鄭大夫讀梗爲亢謂招善而亢惡去之杜子春讀梗爲更玄謂梗禦未至也除災害曰禬禬猶刮去也卻變異曰禳禳攘也四禮唯禳其遺象今存○梗古猛反徐依鄭音亢禬古外反又戸外反禳如羊反去起呂反下同〔疏〕掌以至疾殃○釋曰云掌以時招梗禬禳者此四事並非常求福去殃之事云以時者謂隨其事時不必要在四時也云招者招取善祥梗者禦捍惡之未至禬者除去見在之災禳者推卻見在

之變異此四者皆與人爲疾殃故云以除疾殃也○注鄭大至今存○釋曰鄭大夫以梗爲亢惡去之玄不從以爲禦未至者以禬禳二者已是去惡復以梗爲亢惡去之文煩而無禦未至之事故不從鄭大夫爲亢惡也鄭大夫云招善者玄從之也杜子春云讀梗爲更義無所取玄亦不從之也云四禮唯禳其遺象今存者此四禮至漢時招梗及禬不行唯禳一禮漢日猶存其遺象故云遺象今存也

女史掌王后之禮職掌內治之貳以詔后治內政內治之法本在內宰書而貳之○治直吏反注同（疏）女史至內政○釋曰案上敘官鄭注云女史女奴曉書者是以掌王后禮之職事○注內治至貳之○釋曰云內治之法本在內宰者案內宰職云掌書版圖之法以治王內之政令今此云掌內治之貳故知內治之灋本在內宰掌此女史書而貳之也**逆內宮**鉤考六宮之計（疏）逆內宮○釋曰逆謂逆而鉤考之言內宮亦對王之六寢爲內宮謂六宮所有費用財物及米粟皆當鉤考之也**書內令**后之令（疏）注后之令○釋曰內令亦對王令爲內故鄭云后之令謂書而宣布

於六宮之中也**凡后之事以禮從**亦如大史之從於王〔疏〕注亦如至於王○釋曰案大史職云大會同朝覲以書協禮事及將幣之日執書以詔王鄭注云告王以禮事此女史亦執禮書以從后故云如大史之於王

典婦功掌婦式之灋以授嬪婦及內人女功之事齎婦式婦人事之模範灋其用財舊數嬪婦九嬪世婦言及以殊之者容國中婦人賢善工於事者事齎謂以女功之事來取絲枲故書齎爲資杜子春讀爲資鄭司農云內人謂女御女功事資謂女功絲枲之事○齎音咨本亦作資〔疏〕注婦式至之事○釋曰云法其用財舊數者此即典絲典枲所授絲枲多少並有舊數依而授之云嬪婦九嬪世婦者案內宰以作二事及婦功唯據九御而言不見九嬪世婦有絲枲之事此言嬪婦者但三夫人無職九嬪已下皆有之但女御四德不備須教之九嬪世婦素解不須教之其實有婦職也是以魯語云王后織玄紞公侯夫人紘綖卿之內子大帶則貴賤皆職事也云言及以殊之者容國中婦人賢善工於事者案下內司服注言及言凡殊貴賤

也此云言及容國中婦人者此云及非直破貴賤亦含國中婦人故云容也必知有國中婦人者以下典絲云頒絲于外內工注云外工外嬪婦也故大宰九職云嬪婦化治絲枲是其國中婦人有嬪婦之稱也云事齎謂以女功之事來取絲枲者以其行道曰齎經云女功事齎故知以女功之事來取絲枲也故書齎爲資杜子春讀爲資案上玄注以齊次爲聲從貝變易則兩字俱得今不破子春者從上注義可知不復重言也

凡授嬪婦功及秋獻功辨其苦良比其小大而賈之物書而楬之

授當爲受聲之誤也國中嬪婦所作成即送之不須獻功時賈之者物不正齊當以泉計通功鄭司農苦讀爲鹽謂分別其縑帛與布紵之麤細皆比方其大小書其賈數而著其物若今時題署物○授音受出注苦音古賈音嫁注下同楬其列反别彼列反紵音佇著直略反徐張庶反

〔疏〕注授當至署物○釋曰鄭知授當爲受者以其上文已授女功故知此爲受云國中嬪婦所作成即送之不須獻功時者以其經受嬪婦功在秋獻功上故不待秋獻功也云賈之者物不正齊當以泉計通功者婦人雖等受絲枲作有麤細善惡故以泉計而通爲功布絹惡者盡其材猶不充功

布絹善者少送以充功直故云枲計過功也司農云苦讀爲鹽已下云云者司農之意以典婦功是都司揔掌故分別布帛其典絲即唯主絲絲爲良者也典枲唯主布布爲苦者也若後鄭之義即以典婦功主良典絲典枲主苦者又以絲枲之中各自有苦良若然經云苦謂就良中苦者也云皆比方其大小者謂比方其細小者復比方其麤大也

以共王及后之用頒之于內府 典枲處受其良好者入此典婦功藏之以待王及后之用故藏之於內府也

〔疏〕以共至內府○釋曰此於典絲

典絲掌絲入而辨其物以其賈楬之 絲入謂九職之嬪婦所貢

〔疏〕典絲至楬之○釋曰云辨其物者典絲唯受絲入絲而云辨其物謂絲有善惡麤細不同非謂別有餘物也○注絲入至貢絲○釋曰后宮所蠶之絲自於后宮用之以爲祭服不入典絲其歲之常貢之絲若禹貢兗州貢漆絲之等且餘官更無絲入之文亦當入此典絲也

掌其藏與其出以待興功之時 絲之貢少藏之出之可同官也時者若溫煖宜縑帛清涼宜文繡

〔疏〕注絲之至文繡○釋

曰案經餘官內府玉府等皆不云掌其藏與其出此官獨云掌其藏與其出故云絲之貢少藏之出之可同官也云時者若溫煖宜縑帛清涼宜文繡者鄭以目驗知之文繡必於清涼者以其文繡染絲爲之若於夏暑損色故待秋涼爲之也

頒絲于外內工皆以物授之外工外嬪婦也內工女御【疏】頒絲至授之○釋曰言以物授之者若縑帛則授之以素絲若文繡則授之以絲絲故以物而言也○注外工至女御○釋曰上典婦功云凡授嬪婦功幷有九嬪世婦此注內功不言嬪婦直云女御者案內宰職教女御以作二事及九嬪職教九御以婦職則女御專於絲枲也九嬪世婦四德自備不常爲絲枲假使爲之以其善事所造唯典婦功以共王及后所用不在典絲典枲故鄭注內工中不言也

凡上之賜予亦如之王以絲物賜人【疏】凡上至如之○釋曰云亦如之者亦以物授之謂王以絲物賜人者也

及獻功則受良功而藏之辨其物而書其數以待有司之政令上之賜予良當爲苦字之誤受其麤盬之功以給有司之公用其良功者典婦功受之以共王

及后之用鄭司農云良功絲功縑帛○良音苦出注【疏】注良當至縑帛○釋曰鄭破絲枲使外內工所造縑帛之等良者入典婦功以共王及后之用故典枲直有苦者而無良者明典絲亦不得有良者故破良爲苦必從苦者見典婦功有良苦之字故破從苦苦即麤䴥者也先鄭言良功絲功縑帛者先鄭之意以爲絲功爲良枲功爲䴥故不破良爲苦玄既不從引之在下者亦得爲一義故也

凡祭祀共黼畫組就之物以給衣服冕旒及依盥巾之屬白與黑謂之黼采色一成曰就○依音於豈反盥音管

【疏】凡祭至之物○釋曰言凡祭祀者謂祭祀天地宗廟社稷山川之等故言凡以廣之云共黼畫者凡祭服皆畫衣繡裳但裳繡須絲衣畫不須絲而言共絲者大夫已上裳皆先染絲則玄衣亦須絲爲之乃後畫故兼衣畫而言之也組就者謂以組爲冕旒之就故組就連言之云之物者謂絲之物色共之○注以給至曰就○釋曰云以給衣服者經云共據王而言注云給據臣而言鄭欲見尊卑皆授絲物也言衣物釋經黼畫但周之冕服九章衣五章裳四章龍袞已下直言黼者據美者而言謂若詩云玄袞及黼商書云麻冕黼裳之類云冕旒者釋經組就謂若弁師云十二就之等云及

依者亦釋經黼此據祭祀謂若掌次大旅上帝設皇邸邸即屏風爲黼文云盥巾者亦釋經黼謂若幂人職云王巾皆黼之類云之屬者殯有加斧於椁上及綃黼丹朱之類也云白與黑謂之黼者繢人職文云采色一成曰就者謂若典瑞云五采五就弁師十二就之等皆是采色一成爲就也

喪紀共其絲纊組文之物

以給線縷著盱口綦握之屬青與赤謂之文○纊音曠劉古曠反線似戰反著直略反下同徐猪略反盱香于反綦音其沈音忌握烏學反劉烏豆反（疏）注以給至之文○釋曰此鄭並據士喪禮而言云以給線縷者謂所裁縫皆用線縷釋經絲也云著盱口綦握之屬者釋經纊組案士喪禮握手玄纁裹著組繫案喪大記屬纊以俟絕氣內則云屨著綦綦鄭云綦屨繫是用纊組之事也云青與赤謂之文繢人職文繡之屬亦用絲故連言也

凡飾邦器者受文織絲組焉

謂茵席屏風之屬○織音志茵音因（疏）注謂茵至之屬○釋曰上既言祭祀喪紀所用絲纊訖今復云飾邦器故知此據生人所飾器物言茵者謂若少儀云枕几茵穎之等鄭云茵著蓐是也云席者謂席之四緣若司几筵云紛純畫純黼純之等是也屏風者即上文注黼依也重言之者上

據祭祀時此據爲王所用謂若司几筵云辰前者是也云之屬者謂國家所用文織絲組處皆受之故云之屬以廣之

歲終則各以其物會之 其種別爲計鄭司農云各以其所飾之物計會傳著之○會舊古外反戚戸外反傳音附〔疏〕注種別至著之○釋曰言種別爲計者自上經所用掌其藏與其出及灘盡巳下各別爲計故司農云各以其所飾之物計會傳著者謂此物之多少作文書使相傳著共一簿也

典枲掌布緦縷紵之麻草之物以待時頒功而授齎 音資 緦十五升布抽其半者白而細疏曰紵雜言此數物者以著其類衆多草葛蕡之屬故書齎作資○數色主反一音所蕡苦迴反又口穎反劉枯熒反〔疏〕典枲至授齎○釋曰云掌布緦縷紵之麻草之物者欲見布緦縷用麻之物紵用草之物布中可以兼用葛蕡之草爲之云以待時頒功而授齎者上典絲鄭注解時者用絲有四時之別此鄭不解麻草所爲四時皆得故不釋也云授齎者亦如典婦功注謂以女功事來取者○注緦十至作貣○釋曰鄭知緦十五升布抽其半者禮記雜記文白而細疏曰紵者鄭目驗而知之

及獻功受苦功

以其賈楬而藏之以待時頒其良功亦入於典婦功以共王及后之用鄭司農云苦功謂麻功布紵○苦功音古（疏）及獻至時頒○釋曰獻功者即上典婦功云秋獻功是也云以待時頒者即下又頒衣服及賜予是也○注其良至布紵○釋曰云其良功亦入於典婦功者亦欲見典絲典枲良功皆入典婦功苦功自入故此與典絲同爲此解也司農云苦功謂麻功布紵者先鄭意絲功爲良故彼注不破良字云良功縑帛也此典枲云苦功謂麻功爲盬麤之功玄引之在下亦見得通一義也頒衣服授之賜予亦如之授之授受班者帛言待有司之政令布言班衣服互文（疏）注授之至互文○釋曰言授受班者謂王賜無常云帛言待有司之政令布言班衣服者帛謂典絲布謂典枲據成而言知爲互文者以其典絲典枲俱不爲王及后之用皆將頒賜故知互見爲義也歲終則各以其物會之（疏）歲終至會之○釋曰鄭無注者以其義與典絲同彼已注故於此略也

內司服掌王后之六服褘衣揄狄闕狄鞠衣

展衣緣。衣素沙鄭司農云褘衣畫衣也祭統曰君卷冕立于阼夫人副褘立于東房揄狄闕狄畫羽飾展衣白衣也喪大記曰復者朝服君以卷夫人以屈狄世婦以襢衣屈者音聲與闕相似襢與展相似皆婦人之服鞠衣黃衣也素沙赤衣也玄謂狄當爲翟翟雉名伊雒而南素質五色皆備成章曰翬江淮而南青質五色皆備成章曰搖王后之服刻繒爲之形而采畫之綴於衣以爲文章褘衣畫翬者揄翟畫搖者闕翟刻而不畫此三者皆祭服從王祭先王則服褘衣祭先公則服揄翟祭羣小祀則服闕翟今世有圭衣者蓋三翟之遺俗鞠衣黃桑服也色如麴塵象桑葉始生月令三月薦鞠衣于上。帝告桑事展衣以禮見王及賓客之服字當爲襢襢之言亶亶誠也詩國風曰玼兮玼兮其之翟也下云胡然而天也胡然而帝也言其德當神明又曰瑳兮瑳兮其之展也下云展如之人兮邦。之媛也言其行配君子二者之義與禮合矣雜記曰夫人服稅衣揄狄又喪大記曰士妻以稼衣言稼。者甚衆字或作稅此緣衣者實作稼衣也稼衣御于王之服亦以燕居男子之稼衣黑則是亦黑也六服備於此矣褘揄狄展聲相近緣字之誤也以下推次其色則闕狄赤揄狄青褘衣玄婦人尚專一。德無所兼連衣裳不異其色素沙者今之白縛也六服皆袍制以白縛爲裏使之張顯今世有沙穀者名出于此○褘音暉揄音遥鞠居六反又巨六反展張彦反注同緣或作褖同吐亂反卷古本反下同翺直遥反屈音闕禮張彦反翬音暉見王賢遍反亶丹但反玼音此劉倉我反本亦作瑳與下瑳字同倉我反展如字嫒音援行下孟反稅劉吐亂反縛劉音絹聲類以爲今作絹字說文云鮮色也居援反徐升卷反沈升絹反張如字徐音帳

疏　內司至素沙○釋曰云掌王后之六服者自褘衣至緣衣是六褘衣者亦是翟而云衣者以其衣是服之首故自言衣也褘當爲翬即翬雉其色玄也揄狄者揄當爲搖狄當爲翟則搖雉其色青也闕狄者其色赤上二翟則刻繒爲雉形又畫之此闕翟亦刻爲雉形不畫之爲彩色故名闕狄也此三翟皆祭服也鞠衣者色如鞠塵色告桑之服也展衣者色白朝王及見賓客服緣當爲褖褖衣者色黑御於王服也素沙者此非服名六服之外別言之者此素沙與上六服爲裏使之張顯但婦人之服不殊裳上下連則此素沙亦上下連也王之吉服有九韋弁已下常服有三與后鞠衣已下三服同但王之祭服有六后祭服唯有三翟者天地山川社稷之等后夫人不與故三服而已必知外神后夫人不與者案內宰云祭祀祼獻則贊天地無祼言祼唯宗廟又內宗外宗佐后皆云宗廟不云外神故知后於外神不與

是以白虎通云周官祭天后夫人存與者以其婦人無外事若然哀公問云夫人爲天地社稷主者彼見夫婦一體而言也○注鄭司至于此○釋曰司農云褘衣畫衣也者先鄭意褘衣不言狄則非翟雉知畫衣者以王之冕服而衣畫故知后衣畫也又引祭統者彼據二王後夫人助祭服褘衣與后同也揄狄闕狄畫羽飾者以其言狄是翟羽故也云展衣白衣也者見鞠衣黃以土色土生金金色白展衣文承鞠衣之下故知展衣白也引喪大記證闕狄與展衣爲婦人服故也彼君以卷據上公而言夫人以屈翟據子男夫人復時互見爲義云世婦以禮衣者彼亦據諸侯之世婦用禮衣復之所川也云鞠衣黃也素沙赤衣也者先鄭意以素沙爲服名又以素沙爲赤色義無所據故後鄭不從之玄謂狄當爲翟者破經二狄從翟雉之翟也伊洛而南已下至曰搖皆爾雅文言伊水而南有雉素白爲質兼青赤黃黑五色皆備成其文章曰翬雉云江淮而南青質五色皆備有以成文章曰搖雉玄引此者證褘揄爲雉也又云翬衣畫翬者以先鄭褘衣不言翟故增成搖狄畫搖者亦就足先鄭之義云闕翟刻而不畫者此無正文直以意量之言翟而加闕字明亦刻繒爲雉形但闕而不畫五色而已云此三者皆祭服者對鞠衣已下非祭服也云從王祭先王則服褘衣祭先公則服揄翟祭

羣小祀則服闕翟鄭言此者欲見王后無外事唯有宗廟分爲二與王祀先王衮冕先公鷩冕同差羣小祀王玄冕故后服闕翟云今世有圭衣者蓋三翟之遺俗者漢時有圭衣刻爲圭形綴於衣是由周禮有三翟別刻繒綴於衣漢俗尚有故云三翟遺俗也云鞠衣黃桑服也者謂季春將蠶后服之告先帝養蠶之服云色如鞠塵者麴塵不爲麴字者古通用云象桑葉始生者以其桑葉始生即養蠶故服色象之引月令者證鞠衣所用之事故云告桑事也云展衣以禮見王及賓客之服知義然者以其鞠衣在上告喪之服褖衣在下御於王之服展衣在中故以爲見王及賓客之服但后雖與王體敵夫尊妻卑仍相朝事與賓同諸侯爲賓客於王后助王灌饗賓客則后有見賓客之禮是以亦服展衣也云字當爲襢襢之言亶亶誠也者案禮記作襢詩及此文作展皆是正文鄭必讀從襢者二字不同必有一誤襢字衣傍爲之有衣義且爾雅展亶雖同訓爲誠展者言之誠亶者行之誠貴行賤言襢字以亶爲聲有行誠之義故從襢也又引詩者鄘風刺宣姜淫亂不稱其服之事云其之翟也胡然而天也胡然而帝也言其德當神明又曰其之展也展如之人兮邦之媛也言其行配君子云二者之義與禮合矣者言服翟衣尊之如天帝比之如神明此翟與彼翟俱事神之衣服展則邦之

爲媛助展衣朝事君子之服是此禮見王及賓客服故云二者之義與禮合若然内則注夫人朝於君次而褖衣也者彼注謂御朝也引雜記及喪大記者欲破緣衣爲褖衣之事云字或作稅者或雜記文故雜記云夫人稅衣又云狄稅素沙並作稅字亦誤矣故云此緣衣者實褖衣也云褖衣御于王之服亦以燕燕居者案尚書多士傳云古者后夫人侍於君前息燭後舉燭至於房中釋朝服然後入御於君注云朝服展衣君在堂大師。雞鳴于簷下然後后夫人鳴珮玉于房中告。燕服入御以此而言云釋展衣朝服告以燕服然後入御明入御之服與燕服同褖衣以其展衣下唯有褖衣故知入御與燕居同褖衣也以其御與燕居同是私褻之處故同服云男子之褖衣黑則是亦黑也者男子褖衣黑禮雖無文案士冠禮陳服於房爵弁服皮弁服玄端服至於士喪禮陳襲事于房亦云爵弁服皮弁服褖衣褖衣當玄端之處變言之者冠時玄端衣裳别及死襲時玄端連衣裳與婦人褖衣同故雖男子之玄端亦名褖衣又見子羔襲用褖衣纁袡譏襲婦服纁袡與玄衣相對之物則男子褖衣黑矣男子褖衣既黑則是此婦人褖衣亦黑可知鄭言此者以六服之色無文欲從下向上推次其色以此爲本故言之也云六服備於此矣者經傳云婦人之服多矣文皆不備言六服唯此文爲備故言六服備於此矣鄭言此者亦欲推次六服之色故也云褘揄狄展聲相近者褘與翬揄與摇狄與翟展與禮四者皆是聲相近故云誤也云緣字之誤也者緣與褖不得爲聲相近但字相似故爲字之誤也云以下推次其色則闕翟赤揄翟青褘衣玄者王后六服其色無文故須推次其色言推次者以鞠衣象麴塵其色黄褖衣與男子褖衣同其色黑二者爲本以五行之色從下向上以次推之水色既黑褖衣象之水生於金褖衣上有展衣則展衣象金色白故先鄭亦云展衣白衣也金生於土土色黄鞠衣象之土生於火火色赤鞠衣上有闕翟則闕翟象之赤矣火生於木木色青闕翟上有揄翟象之青矣五行之色已盡六色惟有天色玄褘衣最在上象天色玄是其以下推次其色也云婦人尚專一德無所兼連衣裳不異其色者案喪服上云斬衰裳下云女子髽衰三年直言衰不言裳則連衣裳矣又昏禮云女次純衣亦不言裳是其婦人連衣裳裳衣既連則不異其色必不異色者爲婦人尚專一德無所兼故也云素沙者今之白縳也者素沙爲裏無文故舉漢法而言謂漢以白縳爲裏以周時素沙爲裏耳云六服皆袍制以白縳爲裏使之張顯者案雜記云子羔之襲繭衣裳則是袍矣男子袍既有衣裳今婦人衣裳連則非袍而云袍制者正取衣複不單與袍制同不取衣裳别爲

義也云今世有沙縠者名出于此者言漢時以縠之衣有沙縠之名出于周禮素沙也

辨外內命婦之服鞠衣展衣緣衣素沙內命婦之服鞠衣九嬪也展衣世婦也緣衣女御也外命婦者其夫孤也則服鞠衣其夫卿大夫也則服展衣其夫士也則服緣衣三夫人及公之妻其闕狄以下乎侯伯之夫人揄狄子男之夫人亦闕狄唯二王後褘衣

疏辨外至素沙○釋曰上言王后六服此論外內命婦不得有六服唯得鞠衣已下三服尊卑差次服之而已亦以素沙爲裏故云素沙也○注內命至褘衣○釋曰鄭以內命婦無過三夫人已下外命婦無過三公夫人已下但經云鞠衣以下則三夫人三公夫人同皆得闕狄以下則此命婦之中無三夫人及三公夫人矣故內命婦從九嬪爲首也鄭必知九嬪已下服鞠衣已下者但九嬪下有世婦女御三等鞠衣已下服亦三等故知鞠衣以下九嬪也展衣以下世婦也禄衣女御也云外命婦者其夫孤也則服鞠衣其夫卿大夫也則服展衣其夫士也則服禄衣者此約司服孤絺冕卿大夫同玄冕士皮弁三等而言之孤已下妻其服無文故以此三等之服配三等臣之妻也孤妻亦如九嬪三服俱得也卿大夫妻亦如世婦展衣禄衣俱得也士妻禄衣而已但

司服孤卿大夫士文承諸侯之下皆據諸侯之臣而言若然諸侯之臣妻亦以次受此服是以玉藻云君命闕狄再命褘衣一命襢衣士褖衣注云此子男之夫人及其卿大夫士之妻命服也褘當爲鞠諸侯之臣皆分爲三等其妻以次受此服若然五等諸侯之臣命雖不同有孤之國孤絺冕卿大夫同玄冕無孤之國則卿絺冕大夫玄冕其妻皆約夫而服此三等之服其天子之臣服無文亦得與諸侯之臣服同是以此外命婦服亦得與諸侯臣妻服同也云三夫人及公之妻其闕狄以下乎者婦人之服有六從下向上差之內命婦三夫人當服闕狄外命婦三公夫人亦當闕狄若三夫人從上向下差之則當揄狄是以玉藻云王后褘衣夫人揄狄注夫人三夫人若三公夫人不得過闕狄知者射人云三公執璧與子男執璧同則三公亦毳冕玉藻君命屈狄據子男夫人則三公之妻當闕狄三夫人其服不定三公夫人又無正文故揔云乎以疑之也云侯伯之夫人揄狄子男夫人亦闕狄唯二王之後褘衣者玉藻云夫人揄狄夫人三夫人亦侯伯之夫人鄭必知侯伯夫人揄狄者以玉藻云君命闕狄再命鞠衣一命襢衣夫並是子男之國闕狄既當子男夫人以上差之侯伯夫人自然當揄翟二王後夫人當褘衣矣案喪大記云復君以卷注云上公以衮則夫人用褘衣又案隱五年

公羊云諸公者何天子三公稱公若然天子三公有功加命服袞冕其妻亦得服褘衣矣此注直云二王後不云三公之內上公夫人者以其八命則毳冕夫人服闕翟不定故不言若然喪大記注云公之夫人容三公夫人兼二王後夫人矣明堂位云夫人副褘是魯之夫人亦得褘衣故彼鄭注副褘王后之上服唯魯及王者之後夫人服之以此而言則此注亦含有九命上公夫人與魯夫人同也

凡祭祀賓客共后之衣服及九嬪世婦凡命婦共其衣服共喪衰亦如之

凡者凡女御與外命婦也言及言凡殊貴賤也春秋之義王人雖微者猶序乎諸侯之上所以尊尊也臣之命者再命以上受服則下士之妻不共也外命婦唯王祭祀賓客以禮佐后得服此上服自於其家則降焉○衰七雷反上時掌反

[疏]凡祭至如之○釋曰上陳尊卑以次受服之事此文陳所用之時云凡祭祀者婦人無外事言凡祭祀唯據宗廟大小祭祀云賓客者謂后助王灌饗諸侯來朝者云共后之衣服者祭祀共三翟賓客共展衣云九嬪世婦者謂助后祭祀賓客時云凡命婦者兼外內命婦也云喪衰亦如之者外命婦喪衰謂王服齊衰於后無服若九嬪已下及女御於

王服斬衰，於后服齊衰也。○注「凡者」至「降焉」。○釋曰：鄭知此中內命婦唯有女御者，據上文外內命婦服唯有鞠衣已上，此經上已云九嬪、世婦，則內命婦中唯有女御也。其外命婦中則有孤妻以下。云「言及言凡，殊貴賤也」者，言及者，欲見九嬪賤於后；言凡者，欲見外命婦及女御賤於世婦也。云「春秋之義，王人雖微者，猶序於諸侯之上，所以尊尊也」者，以其內命婦中女御卑於世婦，可以言凡以殊之，於外命婦中有公孤卿大夫之妻，尊於女御，而使外命婦揔入女御中言凡以殊之者，案僖公八年「春王正月，公會王人、齊侯、宋公」以下「盟於洮」，傳曰：「王人者何？微者也。曷爲序乎諸侯之上？先王命也。」是以微者即士，以其天子中士已上於經見名氏，天子下士名氏不見，今直云人，是天子下士，序在諸侯上，是尊王命。若九嬪雖卑於三公夫人，世婦卑於孤卿妻，言凡以殊之在上，亦是尊尊，此王之嬪婦也。云「臣之命者，再命以上受服，則下士之妻不共也」者，此約大宗伯男子之服，彼云「一命受職，再命受服」，則天子上士三命，中士再命，乃受服；天子下士一命則不受，故鄭云「下則不共也」。云「外命婦唯王祭祀、賓客以禮佐后得服此上服」者，案此上經士妻禒衣，大夫妻展衣，案特牲主婦纚笄綃衣，少牢主婦髲鬄衣侈袂，士妻不衣緣衣，大夫妻侈綃衣袂，不衣展衣，如其夫自於家祭降服，是自於其

家則降上經祭祀賓客共后之服是外命婦助后祭祀賓客乃服上服也

后之喪共其衣服凡內具之物 內具紛帨線纊鞶袠之屬○紛本又作蚡芳云反帨如銳反佩巾徐音歲鞶步于反袠陳乙反

［疏］后之至之物○釋曰后喪所共衣服者正謂襲時十二稱小斂十九稱大斂百二十稱及內具之物○注內具至之屬○釋曰知內具之物是紛帨線纊鞶袠之屬者案內則婦事舅姑有紛帨線纊鞶袠故死者入壙亦兼有數物言之屬者案內則更有刀礪小觿之等故云之屬以摠之也

縫人掌王宮之縫線之事以役女御以縫王及后之衣服 女御裁縫王及后之衣服則為役助之宮中餘裁縫事則專為焉鄭司農云線縷也

［疏］縫人至衣服○釋曰云掌王宮之縫線之事者謂在王宮須裁縫者皆縫人縫之以役女御以縫王及后之衣服者役女御謂為女御所使役而縫王及后衣服也○注女御至線縷○釋曰云女御裁縫王及后之衣服則為役助之者釋經以役女御縫王及后之衣服之文也云宮中餘裁縫事則專為焉者釋經云王宮之縫線之事也

喪縫

棺飾焉　孝子既啓見棺猶見親之身既載飾而以行遂以葬若存時居于帷幕而加文繡喪大記曰飾棺君龍帷三池振容黼荒火三列黻三列素錦褚加僞荒纁紐六齊五采五貝黼翣二黻翣二畫翣二皆戴圭魚躍拂池君纁戴六纁披六此諸侯禮也禮器曰天子八翣諸侯六翣大夫四翣漢禮器制度飾棺天子龍火黼黻皆五列又有龍翣二其戴皆加璧故書焉爲馬杜子春云當爲焉○褚張呂反僞荒鄭注禮記改僞爲帷纁許云反翣本又作箑所甲反披彼僞反

【疏】喪縫棺飾焉○釋曰此喪以王爲主但是王家后世子已下亦縫棺飾焉○注孝子至爲焉○釋曰云孝子既啓見棺猶見親之身者鄭欲釋與棺爲飾之意云既載飾而以行遂以葬者案既夕禮日側遂匠納車於階閒卻柩車而下載之於蜃車之上乃加帷荒飾棺訖乃還車向外移柩車去載處設祖奠明日旦乃更徹祖奠設遣奠苞牲取下體乃引向壙故云既載飾而以行遂以葬也云若存時居於帷幕而加文繡者幕人共帷幕幄帟綬鄭注云在傍曰帷在上曰幕是存時居於帷幕而云加文繡者生時帷幕無文繡今死恐衆惡其親更加文繡即所引喪大記已下是也云君龍帷者鄭彼注畫龍爲帷云三池者鄭云象生時有承霤以竹爲之闕於天子故有前及左右而已云振容者謂於竹池之

內畫揺雉於絞繒之上垂之於下車行振動以爲容儀云黼荒者鄭云荒蒙也謂車上蒙覆之黼白黑文於荒之四畔也火三列黻三列黑與青謂之黻兩已相背火形如半環然列行也爲火形三行謂兩已相背三行云素錦褚謂幄帳諸侯以素錦爲幄帳以覆棺上云加僞荒者僞即帷也既覆棺以褚乃加帷加荒於其上云纁紐六者紐謂繫連帷荒以纁色爲之左右各三紐并之六耳云齊五采五貝者謂於荒之中央以五采繒爲之綴貝絡其上形如瓜瓣然黼翣二黻翣二畫翣二者案彼注引漢禮翣方扇以木爲匡廣二尺兩角高二尺四寸柄長五尺以布覆之爲白黑文則曰黼翣以青黑文則曰黻翣爲雲氣則曰畫翣云皆戴圭者謂置圭於翣之兩角爲飾也云魚躍拂池者謂於池內懸銅魚車行振動以拂池云纁戴六纁披六者謂於車輿兩廂各豎三隻軨子戴值也謂以纁爲值繫其軨子各使相值因而繫前後披兩廂各使人持制之以備車之傾側也其實兩廂各三而云六者人君禮文圖數而傍言六耳云此諸侯禮也者天子無文故取諸侯法以推天子禮也云禮器天子八翣已下者欲明天子加數之意云漢禮器制度者以明天子加數與喪大記不同之義也

衣翣柳之材 必先纏衣其才乃以張飾也柳之言聚諸飾之所聚書曰分命和仲度西

曰柳穀故書翣柳作接櫝鄭司農云接讀爲翣櫝讀爲柳皆棺飾檀弓曰周人牆置翣春秋傳曰四翣不蹕○衣於既反注同度西音宅古文乇與度字相似因此而誤接櫝劉上所中反不因柳翣所甲反一音所立反【疏】衣翣柳之材○釋曰翣即上注方扇是也柳即上注引喪大記帷荒是也二者皆有材縫人以采繒衣纏之乃後張飾於其上故云衣翣柳之材也○注必先至不蹕○釋曰云柳之言聚諸飾之所聚者即龍帷黼荒火三列黻三列之屬是也書曰者是濟南伏生書柳文故云度西曰柳穀見今尚書云宅西曰昧谷度亦居也柳者諸色所聚日將沒其色赤兼有餘色故云柳穀引之者見柳有諸色又云春秋襄二十五年左氏傳齊崔杼弒莊公側之於北郭丁亥葬諸士孫之里四翣不蹕下車七乘是也引之者證有翣義也

掌凡內之縫事

染人掌染絲帛凡染春暴練夏纁玄秋染夏冬獻功暴練練其素而暴之故書纁作窾鄭司農云窾讀當爲纁纁謂絳也夏大也秋乃大染玄謂纁玄者謂始可以染此色者玄纁者天地之色以爲祭服石染當及盛暑熱潤始湛研之三月而後可用考工記鍾氏則染纁術

也。染玄則史傳闕矣。染夏者，染五色謂之夏者，其色以夏狄爲飾。禹貢曰「羽畎夏狄」，是其總名。其類有六：曰翬，曰摇，曰鸐，曰甾，曰希，曰蹲。其毛羽五色皆備成章，染者擬以爲深淺之度，是以放而取名焉。○暴，步卜反，劉步落反，注同。秋染，如玹反，注「染夏」同。一夏，戶雅反，後除春夏之字皆同，可以意求，不復重出。𥷚，音勳，一音鬱。湛，徐子廉反，劉慈鳩反。畎，古犬反。鸐，直劉反，劉音壽，徐音酬。蹲，音存，徐祖混反，一音遵。希，如字，劉張履反。放，方往反。

【疏】釋曰：云「凡染，春暴練」者，以春陽時陽氣燥達，故暴曬其練。夏纁玄者，夏暑熱潤之時，以朱湛丹秫，易可和釋，故夏染纁玄而爲祭服也。「秋染夏」者，夏謂五色，至秋氣涼，可以染五色也。「冬獻功」者，纁玄與夏總染，至冬功成，並獻之於王也。○注「暴練」至「名焉」。○釋曰：云「暴練，練其素而暴之」者，素即絹也，先練乃暴之。此謂國家須練而用者，非謂祭服。若祭服，則先染絲乃織之，不得爲練也。司農云「纁謂絳也」者，絳即爾雅及鍾氏所云「三入爲纁」者是也。云「夏，大也，秋乃大染」，後鄭不從者，下文有夏采，及禹貢「羽畎夏狄」，皆謂夏爲五色之翟。「玄謂纁玄者，謂始可以染此色」者，以其不染，當及夏日乃可爲，故云始可也。云「玄纁，天地之色」者，案易九事章云「黃帝、堯、舜垂衣裳，蓋取諸乾坤」，乾坤即天地之色。但天玄地黃，而玄纁者，土無正位，託位南方火火色赤與黃共爲纁也凡六冕之服皆玄上纁下故云以爲祭服即祭義云玄黃之者是也云石染當及盛暑熱潤始湛研之三月而後可用者並約考工記鍾氏職而言故彼云湛以朱湛丹秫三月而熾之是以鄭云考工記鍾氏則染纁術也鄭意以染纁鍾氏有其法術欲推出染玄無正文故云染玄則史傳闕矣染玄雖史傳闕推約則有之故鄭注鍾氏及士冠禮云玄則六入與是也云染夏者染五色者謂夏即與五色雖同名夏故知染五色也故鄭即云謂之夏者其色以夏狄爲飾是以繢人職云五色備謂之繡也引禹貢曰以下者山谷也羽山之谷有夏之五色之翟雉貢焉云夏狄是其揔。者直云夏狄不別云雉名故知是其揔也云其類有六以下者是爾雅釋鳥文云其毛羽五色皆備成章者即爾雅云伊洛之南素質五色皆備成章曰翬江淮之南青質五色皆備成章曰搖舉此二者餘四者亦然是其五色皆備成章也云染者擬以爲深淺之度是以放而取名焉者但夏狄五色是自然之色今染五色者準擬以爲深淺之度染五色與雉同。名故云是放而取名也

掌凡染事

追師掌王后之首服爲副編次追衡笄爲九

嬪及外內命婦之首服以待祭祀賓客鄭司農云追冠名士冠禮記曰委貌周道也章甫殷道也牟追夏后氏之道也追師掌冠冕之官故幷主王后之首服副者婦人之首服祭統曰君卷冕立于阼夫人副褘立于東房衡維持冠者春秋傳曰衡紞紘綖玄謂副之言覆所以覆首爲之飾其遺象若今步繇矣服之以從王祭祀編編列髮爲之其遺象若今假紒矣服之以桑也次次第髮長短爲之所謂髲鬄服之以見王王后之燕居亦纚笄總而已追猶治也詩云追琢其璋王后之衡笄皆以玉爲之唯祭服有衡垂于副之兩旁當耳其下以紞縣瑱詩云玼兮玼兮其之翟也鬒髮如雲不屑髢也玉之瑱也是之謂也笄卷髮者外內命婦衣鞠衣襢衣者服編衣褖衣者服次外內命婦非王祭祀賓客佐后之禮自於其家則亦降焉少牢饋食禮曰主婦髲鬄衣移袂特牲饋食禮曰主婦纚笄宵衣是也昏禮女次純衣攝盛服耳主人爵弁以迎移袂褖衣之袂凡諸侯夫人於其國衣服與王后同○追丁回反下及注同編步典反又必先反注同冠禮古亂反後冠禮同毋追音牟卷古本反紞丁敢反紘音宏綖以然反徐羊戰反繇以招反本或作搖紒音計髲皮寄反髢本又作鬄大計反劉音地以見賢遍反纚所買反又所綺

反琢丁角反縣音玄瑱它見反鬒之忍反鬄大計反下同沈
音剃卷髮眷免反劉羌權反衣褘於既反下衣褖同移昌氏
反下同純側
其反徐如字

疏

追師至賓客○釋曰云掌王后之首服者
對夏官弁師掌男子之首服首服則副編
次也云追衡笄者追治玉石之名謂治玉爲衡笄也云爲九
嬪及外內命婦之首服者此云及則與上內司服同亦是言
及妹貴賤九嬪下不言世婦文略則外命婦中有三公夫人
卿大夫等之妻內命婦中唯有女御也云以待祭祀賓客者
亦謂助后而服之也○注鄭司至后同○釋曰司農云追冠
名者見士冠禮夏后氏牟追故引士冠爲證云追師掌冠冕
之官故并主王后之首服者此鄭意以追師掌作冠冕弁師
掌其成法若縫人掌縫衣別有司服內司服之官相似故有
兩官共掌男子首服也後鄭不從者此追師若兼掌男子首
服亦當如下屨人職云掌王及后之服屨兼王爲文今不云
王明非兩官共掌此直掌后已下首服也又引祭統者證副
是首飾又引春秋者是桓二年臧哀伯辭彼云衡紞紘綖則
據男子之衡引證此者司農意男子婦人皆有衡後鄭意亦
爾但後鄭於此經無男子耳玄謂副之言覆所以覆首爲之
飾者副者是副貳之副故轉從覆爲蓋之義也云其遺象若
今步繇矣漢之步繇謂在首之時行步繇動此據時目驗以

曉古至今去漢久遠亦無以知之矣案詩有副笄六珈謂以六物加於副上未知用何物故鄭注詩云副既笄而加飾古之制所有未聞是也云服之以從王祭祀者鄭意三翟皆首服副祭祀之中含先王先公羣小祀故以祭祀揔言之也云編編列髮爲之者此鄭亦以意解之見編是編列之字故云編列髮爲之云其遺象若今假紒矣者其假紒亦是鄭之曰驗以曉古至今亦不知其狀也云服之以桑也者上注鞠衣以告桑此下注及鄭荅志皆云展首服編此直據鞠衣服之以桑不云展衣者文略其編亦兼於展衣也云次次第髮長短爲之者此亦以意解之見其首服而云次明次第髮長短而爲之云所謂髲鬄者所謂少牢主婦髲鬄即此次也言髲髢者鬄髮也謂翦鬄取賤者刑者之髮而爲髲鄭必知三翟之首服副鞠衣展衣首服編祿衣首服次者王之祭服有六首服皆冕則后之祭服有三首服皆副可知昏禮女次純衣純衣則祿衣祿衣而云次則祿衣首服次可知其中亦有編明配鞠衣展衣也云服之以見王者上注展衣云以禮見王則展衣首服編以禮見王此又云次以見王者則見王有二一者以禮朝見於王與見賓客同則服展衣與編也一者祿衣首服次接御見王則祿衣與次則此注見王是也故二者皆云見王耳云王后之燕居亦纚笄總而已者案士冠禮纚

長六尺以韜髮笄者所以安髮總者既繫其本又總其末燕居謂不至王所自在燕寢而居時也案雞鳴詩云東方明矣朝既昌矣毛云東方明則夫人纚笄而朝但諸侯夫人於國衣服與王同而得服纚笄而朝者此經云副編次以待祭祀賓客明燕居不得著次自然著纚笄而毛云著纚笄朝者毛更有所見非鄭義若然彼鄭不破之者以其纚笄燕居無正文故且從毛也其實朝王時首服編也引詩追琢其璋者證追是治玉石之名云王后之衡笄皆以玉爲之者以弁師王之笄以玉故知后與王同用玉也弁師云諸公用玉爲瑱詩云玉之瑱也據諸侯夫人夫人與君同用玉瑱明衡笄亦用玉矣其三夫人與三公夫人同服翟衣明衡笄亦用玉矣其九嬪命婦等當用象也云唯祭服有衡知者見經后與九嬪以下别言明后與九嬪以下差别則衡笄唯施於翟衣耳。鞠衣以下無衡矣又見桓二年哀伯云衮冕黻珽帶裳幅舄衡紞紘綖並據男子之冕祭服而言明婦人之衡亦施於三翟矣故鄭云唯祭服有衡也鞠衣已下雖無衡亦應有紞以懸瑱是以著詩云充耳以素以青以黄是臣之紞以懸瑱則知婦人亦有紞以懸瑱也云垂于副之兩旁當耳其下以紞懸瑱者傳云衡紞紘綖與衡連明言紞爲衡設矣笄既横施則衡垂可知若然衡訓爲横既垂之而又得爲横者其笄言

橫據在頭上橫貫爲橫此衡在副旁當耳據人身豎爲從此
衡則爲橫其衡下乃以紞懸瑱也引詩者彼鄘風注云玼鮮
明貌鬒黑髮如雲言美長也屑用也髢髲也引之者證服翟
衣首有玉瑱之義故云是之謂也其紞之采色瑱之玉石之
別者婦得服翟衣者紞用五采瑱用玉自餘鞠衣以下紞則
三采瑱用石知義然者案著詩云充耳以素鄭彼注云謂從
君子而出至於著君子揖之時也我視君子則以素爲充耳
謂所以懸瑱者或名爲紞織之人君五色臣則三色而已此
言素者目所先見而云下云尚之以瓊華注云美石彼下經
又云充耳以青充耳以黃據臣三色故云人君五色矣詩云
玉之瑱據君夫人云用玉則臣之妻與夫同美石彼毛注以
素爲象瑱鄭不從者若素是象瑱文何以更云瓊華瓊英之
事乎故鄭以爲紞也云笄卷髮者鄭注喪服小記亦去笄帶
所以自卷持云外內命婦衣鞠衣襢衣服編衣褖衣者服次
知者案昏禮云女次純衣純衣則褖衣據士服爵弁親迎攝
盛則士之妻服褖衣首服次亦攝盛褖衣既首服次三翟首
服副則鞠衣襢衣首服編可知云外內命婦非王祭祀賓客
佐后之禮自於其家則亦降焉知者大夫妻服襢衣首服編
士妻服褖衣首服次少牢特牲是大夫士妻特牲云主婦纚
笄宵衣少牢云主婦髲鬄衣移袂但大夫妻移袂爲異又不

服緆故知自於其家則降是以即引少牢爲證耳云移袂祿衣之袂者此鄭覆解少牢主婦衣移袂者是移祿衣之袂上旣云移袂今又云移祿衣之袂不同者但士之妻服綃服祿衣助祭及嫁時不移其袂今大夫妻綃衣移而以祿衣袂者以大夫妻與士妻綃衣名同不得言移於綃衣之袂故取祿衣也云凡諸侯夫人於其國衣服與王后同者以其諸臣之妻有助后與夫人祭之事諸侯夫人無助后之事故自於本國衣服得與王后同也所同者上公夫人得褘衣已下至祿衣褘衣從君見大祖褕翟從君祭羣廟闕翟從君祭羣小祀鞠衣以告桑展衣以禮見君及賓客祿衣以接御侯伯夫人得褕翟已下褕翟從君見大祖及羣廟闕翟已下與上公夫人同子男夫人得闕翟已下闕翟從君見大祖及羣廟與羣小祀鞠衣已下與侯伯同並纚笄綃衣以燕居也二王之後與魯夫人亦同上公之禮故明堂位云季夏六月以禘禮祀周公於大廟夫人褘衣是也

喪紀共笄經亦如之

屨人掌王及后之服屨爲赤舄黑舄赤繶黃繶青句素屨葛屨

屨自明矣必連言服者著服各有屨也複下曰舄襌下曰屨古人言

屨以通於複今世言屨以通於禪俗易語反與舄屨有絇有繶有純者飾也鄭司農云赤繶黃繶以赤黃之絲爲下緣士喪禮曰夏葛屨冬皮屨皆繶緇純禮家說繶亦謂以采絲礫其下玄謂凡屨舄各象其裳之色士冠禮曰玄端黑屨青絇繶純素積白屨緇絇繶純爵弁纁屨黑絇繶純是也王吉服有九舄有三等赤舄爲上冕服之舄詩云王錫韓侯玄衮赤舄則諸侯與王同下有白舄黑舄王后吉服六惟祭服有舄玄舄爲上褘衣之舄也下有青舄赤舄鞠衣以下皆屨耳句當爲絇聲之誤也絇繶純者同色今云赤繶黃繶青絇雜互言之明舄屨衆多反覆以見之凡舄之飾如繢之次赤繶者王黑舄之飾黃繶者王后玄舄之飾青鉤者王白舄之飾言繶必有絇純言絇亦有繶純三者相將王及后之赤舄皆黑飾后之青舄白飾凡屨之飾如繡次也黃屨白飾白屨黑飾黑屨青飾絇謂之拘著舄屨之頭以爲行戒繶縫中紃純緣也天子諸侯吉事皆舄其餘唯服冕衣翟著舄耳士爵弁纁屨黑絇繶純尊祭服之屨飾從繢也素屨者非純吉有凶去飾者言葛屨明有用皮時○繶於力反句音劬一音姜踰反著服徐丁庶反一卻略反與音餘絇音劬有純章允反下同緣悅面反下同礫音歷覆芳服反以見賢遍反之拘戚如字劉音拘著舄知略反又直略反紃音巡衣翟於既反非純如

字去起呂反下皆同疏屨人至葛屨○釋曰云掌王及后之服屨者但首服在上尊又是陽□○變是以追師與弁師男子婦人首服各別官掌之屨舄在下卑又是陰少變故男子婦人同官掌之也云爲赤舄以下謂掌而營造之故云爲也赤舄者男子冕服婦人闕翟之舄也黑舄者天子諸侯玄端服之赤舄繶已下云繶云句者欲言繶絇以表見其舄○赤繶者是天子諸侯黑舄之飾黃繶者與婦人爲玄舄之飾也青句者與王及諸侯爲白舄之飾凡屨舄皆有絇繶純三者相將各言其一者欲互見其屨舄故多舉一邊而言也素屨者大祥時所服去飾也葛屨者自赤舄以下夏則用葛爲之若冬則用皮爲之在素屨下者欲見素屨亦用葛與皮故也○注屨自至皮時○釋曰云屨自明矣必連言服者著服各有屨也者屨舄從裳色裳既多種故連言服也云複下曰舄禪下曰屨者下謂底複重底重底者名曰舄禪底者名曰屨也無正文鄭目驗而知也云古人言屨以通於複者首直云屨人不言舄及經舄屨兩有是言屨通及舄周公即古人也故云古人言屨以通於複也云今世言屨以通於禪者謂漢時爲今世但漢時名複下者爲屨并通得下禪之屨故云俗易語反與云與者無正文鄭以意解之故云與以疑之也云舄屨有絇有繶有純者飾也者言繶是牙底相接之縫綴條於其中言絇謂屨頭以

絛爲鼻純謂以絛爲口緣經不云純者文略也鄭司農云赤繶黃繶以赤黃之絲爲下緣者此即牙底相接之縫也引士喪禮者證繶爲下緣云皆繶緇純者葛屨皮屨皆有繶也緇純純用緇則繶約亦用緇色也玄謂凡屨舃各象其裳之色者屨舃與裳俱在下體其色同制舃屨與裳色同也引士冠禮者驗屨同裳色云玄端黑屨者凡玄端有上士玄裳中士黃裳下士雜裳今云黑屨者據玄裳爲正也云靑約繶純者屨飾從繢次也云素積白屨者皮弁服素積以爲裳故白屨也云緇約繶純者亦飾從繡次也云爵弁纁屨黑約繶純者鄭云尊祭服飾從繢次言是也者是屨從裳色之義也云王吉服有九者則司服六冕與韋弁皮弁冠弁是也云舃有三等者謂赤舃黑舃白舃也云赤舃爲上冕服之舃者此經先言赤舃是舃中之上是六冕之舃也引詩者是韓侯之詩也玄衮者冕服皆玄上纁下而畫以衮龍云赤舃者象纁裳故也引之者證諸侯得與王同有三等之舃赤舃爲上也云下有白舃黑舃者白舃配韋弁皮弁黑舃配冠弁服案司服注韋弁以韎韋爲弁又以爲衣裳則韋弁其裳以韎之赤色韋爲之今以白舃配之其色不與裳同者鄭志及聘禮注韋弁服皆云以素爲裳以無正文鄭自兩解不定故得以白舃配之冠弁服則諸侯視朝之服是以燕禮記云燕朝服鄭云諸

侯與其羣臣日視朝之服也謂冠玄端緇帶素韠白屨也白屨則與皮弁素積白屨同今以黑舄配之不與裳同色者朝服與玄端大同小異皆玄端緇布衣而裳有異耳若朝服則素裳白屨若玄端之裳則玉藻云韠君朱大夫素士爵韋是韠從裳色則天子諸侯朱裳大夫素裳皆不與裳同色者但天子諸侯舄有三等玄端既不得與祭服同赤舄若與韋弁皮弁同白則黑舄無所施故從上士玄裳無正而黑舄也大夫玄端素裳亦從玄裳黑屨矣云王后吉服六惟祭服有舄者以王舄有三后舄不得過王故知后舄亦三等但冕服有六其裳同故以一舄配之后翟三等連衣裳而色各異故三翟三等之舄配之云玄舄爲上禕衣之舄也下有青舄赤舄者玄舄配禕衣則青舄配揄翟赤舄配闕翟可知云鞠衣以下皆屨耳者六服三翟既以三舄配之且下文命夫命婦惟言屨不言舄故知鞠衣以下皆屨也云句當爲絇知者以此屨舄無取句之義案士冠禮皆云絇故知當爲絇云絇繶純者同色知者案士冠禮三冠絇繶純各自同色故也云今云赤繶黃繶青繶雜互言之明舄屨衆多反覆以見之者以其男子有三等屨婦人六等屨舄若具言其屨舄於文煩故雜互見之明其衆多也云凡舄之飾如繢之次者無正文此約皮弁白屨黑絇繶純白黑北方爲繡次爵弁纁屨黑絇繶

純黑與繶。南北相對尊祭服故對方爲繢次也以此而言則知凡舄皆不與屨同而爲繢次可知云赤繶者王黑舄之飾者以其黑。飾從繢之次赤是南方火色與北方黑對方更無青屨取赤爲繶知是王黑舄之飾也云黃繶者王后玄舄之飾者以其天玄與地黃相對爲繢次故知是王后玄舄之飾也上公夫人得服褖。衣者亦得玄舄也云青絇者王白舄之飾者亦以對方飾之亦得與褖衣黑屨爲飾但據舄尊者而言王亦與諸侯白舄爲飾也云言繶必有絇純言絇亦有繶純三者相將者以士冠禮三冠各有絇繶純故知三者相將但經互見故各偏舉其一耳云王及后之赤舄皆黑飾后之青舄白飾者以舄皆對方以繢次爲飾故義然也云凡屨之飾如繡次也者亦約士冠禮白屨黑絇繶純之等而知也云黃屨白飾白屨黑飾黑屨青飾者此據婦人之屨鞠衣已下之屨故有黃屨黑屨也以屨從繡次爲飾故知義然也云絇謂之拘著於舄屨之頭以爲行戒者鄭注士冠亦云絇之言拘也以爲行戒狀如刀衣鼻在屨頭言拘取自拘持爲行戒者謂使抵目不妄顧視也云其餘唯服冕衣翟著舄耳者服冕謂后以下婦人也云素屨者非純吉有凶去飾者下經注散屨與此素屨同是大祥時則大祥除衰杖後身服素縞麻衣而着此素屨故云非純吉言去飾者經素屨不云。繶純故

知去飾無絇繶純也云言葛屨明有用皮時者士冠禮云夏葛屨冬皮屨此經云葛屨據夏而言若冬明用皮故鄭云有用皮時也

辨外内命夫命婦之命屨功屨散屨命夫之命屨纁屨命婦之命屨黃屨以下功屨次命屨於孤卿大夫則白屨黑屨九嬪内子亦然世婦命婦以黑屨爲功屨女御士妻命屨而已士及士妻謂再命受服者散屨亦謂去飾○散素但反注同

疏釋曰上明王及后等尊者爲屨訖此明臣妻及嬪已下之屨也言外内命夫案肆師職云禁外内命男女之衰不中法者鄭彼注外命男六鄉以出也内命男朝廷卿大夫士也其妻爲外命女彼外内命男則此外内命夫若然此外内命夫其妻爲外命婦鄭雖不注亦與彼同也内命婦自是九嬪以下也○注命夫至去飾○釋曰云命夫之命屨者以其經不云爲雖云屨大夫以上衣冠則有命爲無命屨故知命屨中唯有屨而已士之命服爵弁則纁屨故云命屨纁屨而已云命婦之命屨黃屨以下者以其外命婦孤妻已下内命婦九嬪已下不得服爲皆自鞠衣以下故云黃屨以下言以下者兼有卿大夫妻及二十七世婦皆展衣白屨士妻與女御皆禒衣黑屨故云以下以廣之云功屨次命屨於孤卿大夫則白屨黑屨者案司

服孤希冕卿大夫玄冕皆以赤舄爲命舄以下仍有韋弁白
屨冠弁黑屨故云次命屨命屨據婦人而言其實孤卿大夫
身則功屨次命舄也云九嬪內子亦然者九嬪與孤妻內子
旣以黃屨爲命屨功屨之中有禮衣白屨祿衣黑屨故云亦
然云世婦以黑屨爲功屨者以其皆以禮衣白屨爲命屨其
功屨雖有祿衣黑屨也云女御士妻命屨而已者以二者雖
有祿衣黑屨爲命屨故云命屨而已云士及士妻謂再命受
服者案大宗伯云一命受職再命受服但公侯伯之士一命
子男之士不命及王之下士皆受職不受服王之中士再命
上士三命已上乃受服受服則幷得此屨故云再命受服者
也云散屨亦謂去飾者據臣言散即上之素皆是無飾互換
而言故云謂去飾者也鄭志趙商問司服王后之六服之制
目不解請圖之荅曰大喪衮衣鷩衣毳衣絺衣玄衣此六服
皆纁裳赤舄韋弁衣以韎皮弁衣以布此二弁皆素裳白舄
冠弁服黑衣裳而黑舄冠弁玄端禕衣玄舄首服副從王見
先王褕翟靑舄首服副從王見先公闕翟赤舄首服副從王
見羣小祀鞠衣黃屨首服編以告桑之服禮衣白屨首服編
以禮見王之服祿衣黑屨首服次以御於王之服后服六翟
三等三舄玄靑赤鞠衣以下三屨黃白
黑婦人質不殊裳屨舄皆同裳色也○凡四時之祭祀

以宜服之祭祀而有素屨散屨者唯大祥時○【疏】凡四至服之○釋曰以尊卑所宜之服服之○注祭祀至祥時○釋曰鄭知此經四時祭祀合有素屨散屨者以此經四時祭祀揔結上文諸屨故知有此二屨也云唯大祥時者此據外內命夫爲王斬衰而言初死著菅屨卒哭與齊衰初死同疏屨既練與大功初死同繩屨大祥與小功初死同吉屨無絇吉屨無繶純是以上經注云非純吉故云唯大祥時也但上經據卑云散散與素一也

夏采掌大喪以冕服復于大祖以乘車建綏復于四郊求之王平生常所有事之處乘車玉路於大廟以冕服不出宮也四郊以綏出國門此行道也鄭司農云復謂始死招魂復魄士喪禮曰士死于適室復者一人以爵弁服升自東榮中屋北面招以衣曰皋某復三降衣于前受用篋升自阼階以衣尸喪大記曰復男子稱名婦人稱字唯哭先復言死而哭哭而復冀其復反故檀弓曰復盡愛之道也望反諸幽求諸鬼神之道也北面求諸幽之義也檀弓又曰君復於小寢大寢小祖大祖庫門四郊喪

大記又曰復者朝服君以卷夫人以屈狄大夫以玄赬世婦以襢衣士以爵弁士妻以稅衣雜記曰諸侯行而死於館則其復如於其國如於道則升其乘車之左轂以其綏復大夫死於館則其復如於家死於道則升其乘車之左轂以其綏復喪大記又曰爲賓則公館復私館不復夏采天子之官故以冕服復于大祖以乘車建綏復于四郊天子之禮也大祖始祖廟也故書綏爲禮杜子春云當爲綏禮非是也玄謂明堂位曰凡四代之服器魯兼用之有虞氏之旂夏后氏之綏。則旌旂有是綏者當作緌字之誤也緌以旄牛尾爲之綴於幢上所謂注旄於干首者王祀四郊乘玉路建大常今以之復去其旒異之於生亦因先王有徒緌者士冠禮及玉藻冠緌之字故書亦多作綏者今禮家定作蕤。乘繩證反注乘車皆同綏而誰反注下同依字作緌誤作綏耳適丁歷反榮如字劉音營衣尸於既反復扶又反朝直遥反卷古本反屈音闕赬勑貞反禮音維徐音遂幢直江反

〔疏〕夏采至四郊○釋曰大喪謂王喪也云以冕服復于大祖者謂初死屬纊絕氣之後即以冕服自衮冕以下六冕及爵弁皮弁之等復謂招魂復者各依命數天子則十二人各服朝服而復於大祖之廟當升自東霤北面履危西上云臯天子復如是者三乃卷衣投於前有司以篋受之升自阼階入衣於尸復

而不蘇乃行死事也故云復於大祖也云以乘車建綏復於四郊者以冕服不出宮旌旗之綏又是行道之物故乘玉路之乘車建綏而復於四郊也必於大祖四郊者欲死者復蘇故於平生有事之處皆復也○注求之至作甦○釋曰云求之王平生常所有事之處者鄭欲廣解所復之處故云平生以摠之天子七廟此經直云大祖大廟則后稷廟也餘六廟此不云復案祭僕云大喪復于小廟注云小廟高祖以下是親廟四也其五寢則隸僕復故隸僕職云大喪復於小寢大寢注小寢高祖以下廟之寢也始祖曰大寢雖二祧無復文者案祭法親廟四與大祖皆月祭二祧享嘗乃止無月祭則不復也禮記檀弓云復於小祖大祖庫門四郊周禮不言庫門者文不具云乘車玉路者案巾車云玉路以祀祭天地於郊用玉路明於四郊復乘玉路可知云于四郊者實小宗伯云兆五帝於四郊平生在四郊郊事神之處故復之也云於大廟以冕服不出宮也者鄭欲見於四郊不用冕服之意也云四郊以綏出國門行道也者案巾車云一曰玉路建大常十有二斿以祀故云以綏出國門此行道對在廟用冕也鄭司農云復謂始死招魂復魄者精氣爲魂耳目聰明爲魄人死魂氣上去故招之而復之於魄也自士喪以下至私館不復引此諸文者先鄭意禮記諸言復皆與此經復事同故皆

引爲證也云士死於適室者適室則適寢也大夫士謂之寢天子諸侯謂之路寢也云復者一人者命士不命之士皆一人若大夫以上皆依命數也云以爵弁者凡復者皆用上服故用士助祭之服云升自東榮者升屋從東榮而上天子諸侯言東霤皋謂長聲而言又引喪大記復男子稱名婦人稱字者男子稱名據大夫士若天子稱天子復諸侯稱某甫臣不名君故也引喪大記云君以卷夫人以屈狄者彼注云君以卷謂上公也夫人以屈狄謂子男夫人若上公夫人用褘衣子男則用毳互見之者欲摠五等諸侯及夫人也云大夫以玄赬世婦以襢衣者赬赤也謂纁裳則玄冕也世婦謂君之世婦不言命婦與姪娣亦互見爲義也玄謂引明堂位凡四代之服器魯兼用之者鄭欲推出綏是有虞氏旌故也云有虞氏之旂夏后氏之綏者彼注云有虞氏當言綏夏后氏當言旂云則旌旂有是綏當作緌字之誤也者旌旂有是綏謂系邊。著妥此。非字之體故破之云當作緌爲系邊著委故云字之誤也云綏以旄牛尾爲之綴於橦上所謂注旄於干首者爾雅云注旄於干首是也案鍾氏染鳥羽以爲王后之車飾亦爲旌旗之緌則旌旗亦有鳥羽獨云旄牛尾舉一邊而言其實兼有也云王祀四郊乘玉路建大常者此巾車文云今以之復去其旒異之於生者生時有旗有緌有旒今死去旒是異有虞氏也徒空也有虞氏空緌未有在下旂旄故云徒緌也云士冠禮及玉藻冠緌之字者欲見二冠緌之字與此旌旗之緌字同也云故書亦多作緌者謂作系傍委也云今禮家定作蕤者謂今說禮之家定作蕤謂爲蕤賓之蕤必定緌作蕤者蕤賓在午月一陰方生陰氣委蕤於下故旌旗之緌亦定作蕤也

附釋音周禮注疏卷第八

南昌盧氏宣旬校定

大清嘉慶二十一年用文選樓藏本校

知南昌府張敦仁署鄱陽縣候補知州周澍栞

周禮注疏卷八挍勘記

阮元撰盧宣旬摘錄

附釋音周禮注疏卷第八

世婦

涖者臨也內羞謂房中之羞 閩監毛本同宋本余本嘉靖本無者字謂字是也岳本無謂字有者字

案春官世婦官卿云 盧文弨云官誤官

謂糗餌粉餈 毛本同誤也閩監本糗作糗

故知此王使往可知也 浦鏜云可知衍

此文使世婦往弔者 浦鏜云又誤文非也

掌三公六卿之弔勞 浦鏜云經作孤卿

注云致禮同名爲弔 盧文弨云今小臣注脫致禮二字當據此補之

女御

則有妬疾自專之事 按疾當嫉字誤

涖女宫之具 浦鏜云涖下脫陳

又漢制度皆戴辟 縫人注辟作璧此誤

女祝

杜子春讀梗爲更 禮說云管子四時篇謹禱弊梗弊當作幣左傳襄九年祈以幣更續漢志云周人木德以桃爲梗言氣相更也風俗通云梗者更也歲終更始受介祉也則梗即更明甚

女史

𨚫變異曰禳 嘉靖本閩本同惠挍本疏中亦作𨚫監本毛本作郤從邑誤

故知內治之灋　按灋當作法

典婦功

灋其用財舊數　閩監毛本同宋本嘉靖本灋作法當訂正

故書齎爲資杜子春讀爲資　漢讀考云此故書作資子春易爲齎而鄭君從之也今本作杜子春讀爲資誤釋文事齎音資本亦作資按亦作資者乃依注改經之本也

非直破貲賤　閩本同誤也監本毛本破作殊當訂正

物書而楬之　唐石經余本閩監毛本同宋本嘉靖本漢制考楬作揭從手宋本載音義亦從手下典絲揭字諸本從木按此字在釋文木部從手者後人寫亂之

典絲

自於后宮用之　閩本同監毛本后誤後

教九御以婦職 盧文弨云當作婦功按此類皆義疏家約略引之不必盡依本文

言衣物釋經黼畫 惠挍本作云衣服此誤

以給線縷著旴口綦握之屬 宋本閩監毛本同誤也余本岳本嘉靖本旴作盱按釋文盱口香于反亦從目當訂正疏中引注惟毛本誤從日此本及閩監本皆從目不誤

茵著褥是也 浦鏜云少儀注褥作蓐此俗字

謂若司几筵云扆前者是也 浦鏜云經扆作依

典枲

草葛蕢之屬 此本宋本蕢誤蕒今據諸本訂正釋文蕢苦迴反

授受班者 諸本同浦鏜云頒誤班非也此經作頒注作班通書準此

內司服

禕衣　唐石經諸本同宋本嘉靖本禕作褘宋元人寫衣旁示旁往往無別誤也說文衣部褘蔽厀也从衣韋聲周禮曰王后之服褘衣謂畫袍與先後鄭義合

緣衣　唐石經諸本同釋文緣衣或作褖同吐亂反漢讀考云案毛詩綠衣鄭注云綠當爲褖故作褖轉作綠字之誤也正義云此綠衣與内司服綠衣字同内司服掌王后之六服五服不言色唯綠衣言色明其誤也此注云禕揄狄展聲相近綠字之誤也釋曰綠與褖不得爲聲相近但字相似爲字之誤也然則賈孔所據周禮皆作緣衣自開成石經誤作緣而今本承之

揄翟畫搖者　宋本翟作狄非上注狄當爲翟已改狄爲翟

色如鞠塵　疏云麴塵不爲麴字者古通用

三月薦鞠衣于上帝　宋本余本岳本嘉靖本同閩監毛本上作先依今禮記改

玼兮玼兮其之翟也　釋文玼音此劉倉我反本亦作瑳與下如字同倉我反詩君子偕老釋文

玼音此本或作瑳此是後文瑳兮然舊本皆前作玼後作瑳按玼瑳聲相近說文瑳玉色鮮白玼玉色鮮也義亦同然一書之中不當玼瑳錯出毛詩瑳兮下傳箋王肅皆無說明與前章同作玼也此注玼亦作瑳劉昌宗音倉我反蓋毛詩前後皆作玼禮注據魯韓詩前後皆作瑳今本合并合一以前後區別之非也亦詳段玉裁詩經小學

又曰瑳兮瑳兮其之展也 此本無又曰二字後擠入

夫人服稅衣揄狄 閩毛本同宋本監本服作脫皆誤也嘉靖本作復與詩正義所引合當據以訂正復謂招魂所用也按今本雜記喪大記皆作稅衣據此注所引知本作褖衣下云字或作稅當兼雜記喪大記言之賈疏云或雜記文蓋賈所據雜記已作稅矣雜記其餘如士注云其餘如士之妻則亦用稅衣正義本稅衣作褖衣與此注正合稅脫褖皆聲相近

言褖者甚衆 詩綠衣正義引作言褖衣者甚衆此脫衣字

婦人尚專一 按一當作壹

今之白縳也　釋文白縳劉音絹聲類以爲今作絹字嘉靖本縳作縳

褘衣者亦是翟　惠挍本閩本同監毛本翟作翬

此素沙與上六服爲裏　此本裏誤褁據閩監毛本訂正

韋弁已下常服有三　閩監毛本巳作以下句同

周官祭天后夫人有與者　按有當作不盧文弨云今白虎通無此語

展則邦之爲媛助　按媛當作援監本媛字剜改蓋本作援

大師雞鳴于簷下　浦鏜云雞上脫奏

然後后夫人鳴珮玉于房中告去　浦鏜云后衍字告下脫去○按傳文后夫人侍於君前此云然後后夫人鳴珮玉非有衍字也

云緣字之誤也者緣與褖不得爲聲相近　盧文弨云二緣字皆當作

緣

正取衣復不單 閩監毛本復作複

此約司服孤絺冕 浦鏜云經作希注希讀爲絺

鄭知此中内命婦唯有女御者 惠挍本此作凡此誤

唯有鞠衣已上 惠挍本上作下此誤

亦是尊尊此王之嬪婦也 宋本尊字不複此衍

案特牲主婦纚笄綃衣 惠挍本作宵衣與禮記合注云宵綺屬也是讀宵爲綃但未改字

少牢主婦髲鬄衣侈袂 閩監毛本作移袂下仍作侈按少牢饋食禮釋文侈袂本又作移唐石經羣經音辨皆作移此本作侈蓋非下侈字亦當作移浦鏜云經作被錫注云被錫讀爲髲鬄

縫人

鄭司農云線縷也 閩監毛本同宋本余本岳本嘉靖本無也按賈䟽標起止云注女御至線縷亦無也字

謂兩已相背三行 浦鏜云爲誤謂

云素錦褚 惠棟挍本下有者此脫

綴具絡其上 浦鏜云貝誤具

以木爲匡廣二尺 浦鏜云記注匡作筐此二爲三字之誤

爲青黑文則曰黼𩬊爲雲氣則曰畫𩬊 惠挍本上爲作以下有也字

衣𩬊柳之材 唐石經諸本同漢讀考云此司農易接爲翣而引檀弓及春秋傳以證翣之義司農所據記傳字作翣今本記傳則皆作𩬊矣喪祝注亦云四翣牆置翣翣者𩬊之假借字也經文𩬊字當亦作翣而後人改之

必先纏衣其木　宋本嘉靖本閩本同監毛本木作材此本作才爲木之誤今訂正

周人牆置翣　宋本余本岳本嘉靖本同閩監毛本翣作蔞依今禮記所改非也

諸節之所聚者　閩監毛本節作節此誤

是濟南伏生書柳文　漢制考柳作傳此誤

染人

故書纁作𦃃鄭司農云𦃃讀當爲纁　漢讀考云此以𦃃不見於他經傳而易其字也宛聲在十四部熏聲在十三部聲略相似說文黑部有𪑿字云黑有文也從黑冤聲讀若飴盌之盌疑卽𦃃字故書假借爲纁字也

三月而後可用　宋本嘉靖本後作后按注當用後字

羽畎夏狄　宋本嘉靖本毛本同閩監本畎作畖依今尚書所改釋文羽畎古犬反按畎或作畖訛惟宋本

不誤

引禹貢曰以下者山谷也 惠挍本以作巳山作崛此誤

云夏狄是其揔者 浦鏜云揔下脫名

故云是放而取名也 浦鏜云是下脫以

追師

牟追夏后氏之道也 諸本同釋文毋追音牟此作牟非按士冠禮釋文亦作毋追音牟

若今步繇矣 閩本同嘉靖本監毛本繇作繇此本及閩監毛本載釋文作繇按作繇者誤字書無此字釋文步繇本或作摇从竹者乃俗字耳

服之以桑也 詩君子偕老正義及雞鳴正義皆引作服之以告桑也此脫告字

追琢其璋 諸本同浦鏜云章誤璋非此當據魯韓詩玉篇辵部引詩亦作璋

主婦髲鬄衣移袂 朱本余本嘉靖本皆作侈袂下同

亦謂助后而服之也 惠挍本后上有王此脫

其中亦有編 惠挍本亦作唯

取鞠衣以下無衡矣 浦鏜云取當餘字誤

又見桓二年哀伯云 惠挍本哀上有臧此脫

鄘風注云玼鮮明貌今鄘風傳作鮮盛貌非邶風新臺傳云泚鮮明貌與此合

云外內命婦衣鞠衣襢衣服編 浦鏜云襢衣下脫者

二王之後 此本脫王據閩監毛本補

屨人

屨自明矣 朱本自作目是屨目卽經之某爲某屨也

禪下曰屨　監本禪誤襌

王錫韓侯　諸本同嘉靖本錫作賜按王氏詩考引周禮注王賜韓侯是宋本作賜作錫者依今詩所改

絇謂之拘　諸本同釋文之救反如字劉音拘漢讀考云絇謂之救者爾雅釋器文儀禮注絇之言拘也鄭自爲說故云之言此引爾雅云謂之

又是陽口變　此本空闕一字閩本作少監毛本作多

屨舄在下卑　此本卑誤黑據閩監毛本訂正

欲言繶絇以表見其舄　閩本同監本舄下剜擠耳毛本排入

驗屨同裳色　惠按本驗作證

故從上士元裳無正而黑舄也　補鏜云爲誤無從儀禮通解續按

云今云赤繶黃繶青繶　補鏜云青絇誤青繶

黑與繶南北相對尊祭服故對方爲繢次也惠挍宋本繶作繐此誤監本方誤万繢誤績毛本同

以其黑飾從繢之次浦鏜云舄誤黑

上公夫人得服褖衣者浦鏜云褘誤褖

不云繶純浦鏜云繶上脱絇

彼外内命男則此外内命夫若然此外内命夫浦鏜云三内字衍儀禮通解續挍

内命婦九嬪已下閩本同監毛本巳作以

案司服孤希冕閩監毛本希作絺

此據外内命夫浦鏜云下脱命婦

夏采

故書綏爲䙡杜子春云當爲綏漢讀考云釋文䙡音維徐音遂據徐音疑本作旞或作旞說文㫃部旞即旞字全羽爲旞古羽旄多互言言羽而旄見言旄而羽見經云旞猶禮記云緌皆謂無旒也杜易爲綏似未解此

夏后氏之緌明堂位作綏注云綏當爲緌按此仍當爲綏下始云當作緌

則旌旂有是綏者漢讀考是作徒云作是誤徒緌去旒也按下注云亦因先王有徒緌者疏云徒空也有虞氏空緌未有在下旂旒

緌以旄牛尾爲之宋本旄作毛

故書亦多作綏者閩監毛本同宋本岳本嘉靖本綏作緌漢讀考云作緌誤

云以乘車建緌惠校本緌作綏此誤

祭天地於郊用玉路　浦鏜云地衍

實小宗伯云　浦鏜云實當宲字誤

旌旂有是綏謂系邊著𠂇　惠挍本綏下有者字系邊作系傍此誤下系邊同

云綏以旄牛尾爲之　惠挍本綏作緌此誤

一陰方生　惠挍本漢制考方作攴此誤

周禮注疏卷八挍勘記終

南昌袁泰開挍

附釋音周禮注疏卷第九

地官司徒第二（疏）鄭目錄云象地所立之官司徒主衆徒地者載養萬物天子立司徒掌邦教亦所以安擾萬民○釋曰既言象地所立則此六十官皆法地與天官言象天義異矣

鄭氏注　賈公彥疏

惟王建國辨方正位體國經野設官分職以爲民極（疏）釋曰六官皆有此敘者欲見六官所主雖異以爲民極是同故也　乃立地官司徒使帥其屬而掌邦教以佐王安擾邦國　教所以親百姓訓五品有虞氏五而周十有二焉擾亦安也言饒衍之（疏）乃立至邦國釋曰此經所云爲立官之意六官亦同有此語唯地官司徒與安擾之字不同欲見所主雖曰有殊佐王之事是一故也○注教所至衍之○釋曰云教所以親百姓者案尚書舜典云帝曰契百姓不親五品不遜汝作司徒敬敷五教在寬彼舜欲使契布

五教親百姓遜五品是鄭君所取義也但五教據所施而言五品據人品列有五所從言之異其義一也云有虞氏五而周十有二焉者有虞氏五即舜典所云敬敷五教又文十八年云舜臣堯舉八元使敷五教于四方父義母慈兄友弟恭子孝是也而周十有二者據司徒之職云一曰以祀禮教敬以下是也案成王周官云司徒敷五典擾兆民則周亦有五教而云至周十有二者鄭據此周禮之文言十二以對於虞其實五中雖不含十二。亦含有五云擾亦安也言饒衍之者以言饒益衍長亦是安義以其民爲邦本不安則散特須安而復安故云擾亦安也案天官教典鄭注擾爲馴者以其司徒主教教使馴順馴亦是安之義也

教官之屬大司徒卿一人小司徒中大夫二人鄉師下大夫四人上士八人中士十有六人旅下士三十有二人府六人史十有二人胥十有二人徒百有二十人師長也司徒掌六鄉鄉師分而治之二人者共三鄉之事相左右也○鄉師音香下以意求之長丁丈反後皆同左音佐右音

又（疏）教官至十八○釋曰上經說立官之意此經說立官尊卑相副貳云教官之屬者自此以下至稾人捴六十官皆是教官之屬若然教官捴目於下也云大司徒卿一人六命小司徒中大夫二人四命鄉師下大夫四人與小司徒同四命分爲中下上士八人三命中士十有六人再命旅下士三十有二人一命自此已上皆得王命謂之王臣以卑佐尊尊少卑多各與上一倍云府六人主藏文書史十有二人主作文書胥十有二人爲什長徒百有二十人給徭役此四者皆不得王命官長所自辟除者也○注師長也至右也釋曰此鄉師司徒之老謂之鄉師者謂佐司徒主六鄉亦與在下民臣爲長故云師長也云司徒掌六鄉者案下云鄉老二鄉則公一人已下是主六鄉之事云鄉師分而治之者以其鄉師佐司徒主六鄉故言分而治之以鄉有六其人有四故二人共三鄉云相左右者左右助也以其二人共主三鄉不得各專其鄉事故相助而已

鄉老二鄉則公一人鄉大夫每鄉卿一人州長每州中大夫一人黨正每黨下大夫一人

族師每族上士一人閭胥每閭中士一人比長五家下士一人

老尊稱也王置六鄉則公有三人也三公者内與王論道中參六官之事外與六鄉之教其要爲民是以屬之鄉焉州黨族閭比鄉之屬別正師胥皆長也正之言政也師之言帥也胥有才知之稱載師職曰以官田牛田賞田牧田任遠郊之地司勳職曰掌六鄉之賞地六鄉地在遠郊之內則居四同鄭司農云百里內爲六鄉外爲六遂○比毗志反徐扶二反注下同稱尺證反下同爲民于僞反帥所類反

【疏】鄉老至下士一人○釋曰鄉老者謂三公案下曲禮三公於諸侯曰天子之老此鄭注云老尊稱未必是年老二鄉則公一人者在朝三公八命即典命云三公八命是也分陝而治則九命則大宗伯云九命作伯是也鄉大夫每鄉卿一人者六鄉則卿六人各主一鄉之事然摠屬司徒非六官典兼鄉大夫知者以鄭注大司馬云軍吏選於六官六鄉之吏爲之既六官六鄉並言故知別置州長每州中大夫一人者每鄉有五州州長以中大夫爲之亦四命黨正每黨下大夫一人者五黨爲州黨正使下大夫爲之亦四命族師每族上士一人者五族爲黨族師使上士一人爲之亦三命閭胥每閭中士一人者

四閭爲族巷門爲閭胥有才智之稱閭胥使中士一人爲之亦再命比長五家下士一人者五比爲閭比長使下士一人爲之亦一命特言五家者明閭胥已上至鄉皆有家數故其職云五家爲比五比爲閭四閭爲族五族爲黨五黨爲州五州爲鄉從少至多故於比言五家爲本也○注老尊至六遂釋曰言老尊稱也者以其天子所父事二老老者同名故云老尊稱也云王置六鄉則公有三人也者於周禮不見公之人數六鄉之數周禮有其文此經云二鄉則公一人明知公有三人案成王周官立太師太傅大保茲惟三公亦是公有三人之事云三公者內與王論道者成王周官云茲惟三公論道經邦考工記云坐而論道謂之王公鄭雖言天子諸侯公中亦含三公是其內與王論道也云中參六官之事者案書傳云天子三公一曰司徒公二曰司馬公三曰司空公彼注云周禮天子六卿與大宰司徒同職者則謂之司徒公與宗伯司馬同職者則謂之司馬公與司寇司空同職者則謂之司空公一公兼二卿舉下以爲稱是其中參六官之事云外與六鄉之教即此經是也云其要爲民所以屬之鄉焉者三公無正職是以三百六十官之中不見三公之任唯此六鄉之內而言三公故云屬之鄉焉不言三孤者以其佐公論道三公有事之所亦有三孤故不言之云州黨族閭比鄉之屬

別者五者皆屬於鄉而名號有別也云正師胥皆長也者自州巳下至比長五官州比自稱長矣唯有黨正族師閭胥不言長故鄭云正師胥皆長也云正之言政也者取施政教者先自正故也云師之言師也者以其師領百家故言師也云胥有才智之稱者此釋閭胥以其有才智故爲中士以領一閭雖不稱長亦有長義引載師職云賞田任遠郊之地又引司勳職言掌六鄉之賞地者欲見賞地在六鄉之中同在遠郊之內云六鄉地在遠郊之內則居四同者案司馬法王城百里爲遠郊於王城四面則方二百里開方之二二如四故云居四同言此者破賈馬六鄉之地在遠郊五十里內五十里外置六遂鄭司農云百里內爲六鄉外爲六遂者司徒掌六鄉在百里內上以釋訖百里外爲六遂以其遂人掌六遂案遂人職云掌邦之野郊外曰野故知百里外爲六遂

封人中士四人下士八人府二人史四人胥六人徒六十人聚土曰封謂壝堳埒及小封疆也○堳音眉埒音劣疆居良反〔疏〕封人至十人○釋曰封人在此者以其掌設王之社壝及畿封又大司徒設社稷壝相左右故在地官而爲職首也胥徒多者

以其畿封事廣故也

鼓人中士六人府二人史二人徒二十人〔疏〕鼓人○釋曰鼓人在此者以其主教六鼓四金以是教官故在此也

舞師下士二人胥四人舞徒四十人舞徒給繇役能舞者以爲之○繇音遙〔疏〕舞師至十人○釋曰舞師在此者以其主教野人之舞亦是教官之類故也若然樂師亦教舞不在此者彼教國子學樂必須合於禮故入春官也○注舞徒至爲之○釋曰餘官直言徒此官徒言舞者徒是給繇役之人今兼云舞即徒中使能舞者以充徒數也

牧人下士六人府一人史二人徒六十人牧人養牲於野田者詩云爾牧來思何蓑何笠或負其餱三十維物爾牲則具○牧牧養之牧徐音目何胡可反又音河下同蓑素禾反笠音立餱音侯乾食〔疏〕牧人至十人○釋曰牧人在此者以其掌牧六牲以供祭祀亦是地事故也○

注牧人至則具○釋曰鄭云養牲於野田者對充人養牲於國中又云詩曰者謂無羊詩美宣王之事也爾宣王牧人來之時荷揭蓑之與笠蓑所以禦雨笠所以禦暑或負其餱糧也三十維物物色也異毛色者三十爾宣王牲則備矣引之者以證牧人牧六牲之事也

牛人中士二人下士四人府二人史四人胥二十人徒二百人主牧公家之牛者詩云誰謂爾無牛九十其犉犉者九十其餘多矣○犉而純反一音而專反黃牛黑脣曰犉〔疏〕注主牧至多矣○釋曰主牧公家之牛者亦是地事又鄭下注云牛能任載地之類故在此也詩云者亦無羊詩言誰謂爾宣王無牛九十其犉黃牛黑脣曰犉云犉者九十其餘多矣者證經牛多故徒有二百人牧之也

充人下士二人史二人胥四人徒四十人充猶肥也養繫牲而肥之〔疏〕充人至十人○釋曰祭祀之牲本以諸官堪入祭祀者送付牧人至祭前三月選入充人

芻之使之肥充故其職云祀五帝則繫于牢芻之三月故與牧人連類在此也

載師上士二人中士四人府二人史四人胥六人徒六十人載之言事也事民而稅之禹貢曰冀州既載載師者閭師縣師遺人均人官之長〔疏〕載師至十人○釋曰案其職云掌任土之法以物地事皆是土地之事故在此○注載之至之長○釋曰鄭知事民而稅之者案其職上云任土之法下云近郊什一之等是其任民而稅之者也云禹貢曰冀州既載引之者彼是禹治洪水訖事而稅之引之證此事民之類也云載師者閭師縣師遺人均人官之長者以其閭師縣師徵斂之官所斂之賦有入遺人者均人主當地守地職皆與載師事通故載師與之爲長

閭師中士二人史二人徒二十人主徵六鄉賦貢之稅者鄉官有州黨族閭比正言閭者徵民之稅宜督其親民者凡其賦貢入大府穀入倉人〔疏〕注主徵至倉人○釋曰知主徵六鄉賦貢之稅者案其職云任農以耕事貢九穀任圃以樹事貢草木六鄉之內有二十五家爲閭今以閭爲名故

知閭師主徵六鄉賦貢者也云鄉官有州黨族閭比正言閭者徵民之稅宜督其親民者鄉官有五者之名正取二十五家爲閭以爲徵斂之官號者徵民之稅恐不能細委其民故以近民之官爲號云凡其賦貢者此貢非是大宰九貢正是九職之貢即其職云任農以耕事貢九穀之類是也此云賦謂大宰九賦之内則國中四郊二者是也故其職云掌國中及四郊之人民六畜之數又云凡無職者出夫布是其九職之内故云凡其賦貢入大府故大府職云掌九賦九貢九功之貳以受其貨賄之入焉云穀入倉人者案倉人云掌粟入之藏故知穀入倉人也

縣師上士二人中士四人府二人史四人胥八人徒八十人　主天下土地人民已下之數徵野賦貢也名曰縣師者自六鄉以至邦國縣居中焉鄭司農云四百里曰縣　〔疏〕注主天至曰縣○釋曰主天下土地人民已下之數者案其職云掌邦國都鄙稍甸郊里之地域辨其夫家六畜車輦是其主天下土地人民已下之數人民之外仍有六畜車輦故言已下云徵野賦貢也者案其職云以歲時徵野之賦貢郊外曰野以其二百里外至邦國以其地廣縣師徵之旅師斂之徵斂別官百里

之內六鄉之中間師徵之閭師斂之以其地狹徵斂同官又云名曰縣師者自六鄉以至邦國縣居中焉自百里以至邦國分為五等二百里曰甸三百里曰稍四百里曰縣五百里曰都畿外邦國是其縣居中焉以其徵外內之賦舉中為名鄭雖言自六鄉六鄉仍舊郊內據六鄉已外而言鄭司農云四百里曰縣者據載師職小都任縣地在四百里中故云四百里曰縣此縣師與閭師並在此者以其徵斂地稅故與載師連類在此

遺人中士二人下士四人府二人史四人胥四人徒四十人

鄭司農云遺讀如詩曰棄予如遺之遺玄謂以物有所饋遺○遺人維季反注饋遺同司農音維

〔疏〕遺人至十人○釋曰在此者案其職云掌邦之委積以待施惠故與徵斂之官連類在此注鄭曰至饋遺○釋曰先鄭云遺讀如詩曰棄予如遺之遺者此小雅谷風詩彼謂朋友道絕相棄如遺忘物玄謂以物有所饋遺者此是將物與人非是遺忘之事故不從先鄭也

均人中士二人下士四人府二人史四人胥

四人徒四十人均猶平也主平土地之力政者疏均人至十人○釋曰均人在此者案其職云掌均地政均地守均地職皆是均地之事故在此○注均猶至政者○釋曰知平土地之力政者案其職均地職巳下更有均人民牛馬車輦之力政是其平土地力政者也

師氏中大夫一人上士二人府二人史二人胥十有二人徒百有二十人師教人以道者之稱也保氏司諫司救官之長鄭司農云詩云楀維師氏○楀俱禹反疏師氏至十人○釋曰師氏在此者以其主教與地官掌十二教同故亦在此以其教國子有道藝故使中大夫尊官為之也其徒百有二十人者以其國子人多使役處衆故其徒多矣○注師教至師氏○釋曰案其職云以三德教國子一曰至德以為道本是其教人以道者為稱也云保氏司諫司救官之長者以其保氏佐師氏教國子以其司諫諫萬民司救救萬民皆是教之義故師氏與為長鄭司農云詩云楀惟師氏者此詩小雅剌幽王之詩其臣氏曰楀者惟作師氏之官引之者證與此師氏同也

保氏下大夫一人中士二人府二人史二人胥六人徒六十人

保安也以道安人者也書敘曰周公爲師召公爲保相成王爲左右聖賢兼此官也○召上照反相息亮反

【疏】保氏至十人○釋曰保氏在此者以其佐師氏教國子亦是教官故在此既與師氏同教國子官與府史別者以其教國子雖同館舍別所故置官有異○注保安至官也○釋曰云以道安人者也者人則是國子也案其職云掌教國子以道人有道則安故云以道安人者也此師氏保氏皆稱氏者案鄭下注云官有世功則以官族此二官父祖以來皆以道教國子世爲師氏保氏之官則賜之以氏曰師氏保氏自此已下官稱氏者皆此類也云書敘曰周公爲師召公爲保相成王爲左右者此是尚書君奭篇敘云聖賢兼此官也者召公爲賢周公爲聖此二人爲三公分陝以其周公聖下兼此師氏官召公爲賢下兼此保氏官故云聖賢兼此官此鄭君之意謂三公之號無師保之名兼此二官得師保之稱鄭志趙商問案成王周官立大師大傅大保茲惟三公即三公之號自有師保之名成王周官是周公攝政三年事此周禮是周公攝政六年時則三公自名師保起之在前何也鄭荅曰周公左召

公右兼師保初時然矣若如此解周公兼師在成王周官前故成王周官稱三公爲大師大傅大保若然大傅者畢公爲之兼世子之官故稱大傅是以文王世子云大傅在前少傅在後若孔君之義三公之號自名師保不由兼師氏保氏

司諫中士二人史二人徒二十人諫猶正也以道正人行○行下孟反〔疏〕司諫至十人○釋曰司諫在此者案其職云掌糾萬民之德勸之朋友正其行而強之道藝此官則主諫萬民亦是教之義此官徒二十人無胥者以得徒則不假長帥上下文有徒無胥者皆此類故無胥也○注諫猶至行人○釋曰鄭訓諫爲正言以道正人行者案其職云正其行故鄭就而解之

司救中士二人史二人徒二十人救猶禁也以禮防禁人之過者也〔疏〕注救猶禁也以禮防禁人之過者也○釋曰案其職云掌萬民之衺惡過失而誅讓之以禮防禁而救之是其以禮防禁人之過者亦是教之類故在此

調人下士二人史二人徒十人調猶和合也〔疏〕調人釋曰

言調人者鄭云調猶和合也人相殺傷共其難者此調人和合之在此者會赦之後設教使之相避是教官之類故在此

媒氏下士二人史二人徒十人媒之言謀也謀合異類使和成者今齊人名麴麩曰媒○媒劉音梅麴起六反麩魚列反又五結反徐去穢反 疏 媒氏至十人○釋曰媒氏在此者集名云配儷男女取地道生息故在此也○注媒之至曰媒○釋曰言謀合異類使和成者異類謂别姓。三十之男二十之女和合使成婚姻云今齊人名麴麩曰媒麴麩和合得成酒醴名之曰媒言此者欲見謀合異姓得名爲媒之意

司市下大夫二人上士四人中士八人下士十有六人府四人史八人胥十有二人徒百有二十人司市市官之長 疏 司市至十人○釋曰案其職云掌市之治教政刑量度禁令以其事治教即教官之類又市以聚人猶地之容衆故在此以其市官之長經紀事大故使下大夫尊官爲之也屬官及胥徒又衆也○注司市市官之長○釋曰市官謂質人已下至泉府司市與之爲長也

質人中士二人下士四人府二人史四人胥二人徒二十人質平也主平定物賈者○賈音嫁下物賈及賈人同〔疏〕質人釋曰在此者案其職云掌成市之貨賄人民牛馬鄭彼注成平也此注質平也主平定物賈者故亦與司市連類在此

廛人中士二人下士四人府二人史四人胥二人徒二十人故書廛爲壇杜子春讀壇爲廛說云市中空地玄謂廛民居區域之稱○廛宜連反徐長戰反〔疏〕廛人至十人○釋曰在此者案其職云掌斂市之絘布總布質布罰布廛布五種之泉入于泉府故與司市連類在此也○注故書至之稱○釋曰子春讀壇爲廛不從故書於義是也又說云市中空地以解廛則於義非也故後鄭不從玄謂廛民居區域之稱者見遂人云夫一廛田百畝及載師廛里任國中之地皆是民之所居區域又其職有廛布謂貨賄停儲邸舍之稅即市屋舍名之爲廛不得爲市中空地

胥師二十肆則一人皆二史賈師二十肆則一人皆二史司

虣十肆則一人司稽五肆則一人胥二肆則一人肆長每肆則一人自胥師以及司稽皆司市所自辟除也胥及肆長市中給繇役者胥師領羣胥賈師定物賈司暴禁暴亂司稽察留連不時去者○賈音古辟必亦反徐方歷反

疏胥師二十肆則一人皆二史○釋曰自胥師至司稽皆是府史之類非是命士已上其職云平其貨賄胥者有才智之稱師長也肆謂行列胥師二十肆則一人皆有二史副之助作文書○賈師至每肆則一人○釋曰賈師知物賈者其職云凡國之賣儥各帥其屬而嗣掌其月亦二十肆則一人亦二史副之司虣司猶主也主在市虣亂十肆則一人司稽司主也主在市稽留之人不時去者五肆則一人胥二肆則一人者此謂市中給繇役少有才智者屬胥師肆長謂行頭每肆則一人亦是市中給繇役者○注自胥至去者○釋曰知胥師及司稽皆司市所自辟除者以其胥師虣賈師等領羣胥則知胥師等並非官賈師與胥師同二十肆則一人二史賈師非官明胥師亦非官也故知皆司市所自辟除也又知胥及肆長是給繇役者以其司稽已上是府史之類明此二者與胥徒同是給繇役者也又知胥師領羣胥者以其同名爲胥

二肆則一人其數衆多明有所
所屬故一胥爲胥師所領也

泉府上士四人中士八人下士十有六人府四人史八人賈八人徒八十人鄭司農云故書泉或作錢〔疏〕泉府至十人○釋曰在此者案其職云掌以市之征布故與司市連類在此○注鄭司至作錢○釋曰泉與錢今古異名故後鄭引之得通一義

司門下大夫二人上士四人中士八人下士十有六人府二人史四人胥四人徒四十人每門下士二人府一人史二人徒四人司門若今城門校尉主王城十二門○校胡孝反〔疏〕司門至徒四人○釋曰司門在此者案其職云正其貨賄凡物犯禁者舉之以其掌貨賄與司市相連故亦在此○注司門至二門○釋曰案經有每門下士二人據在門開閉者此司門鄭云若

今城門校尉則是都司揔監十二門官故舉漢法況之知王城有十二門者案匠人云營國九里旁三門四面各三門是有十二門鄭注云十二門以通十二子十二子則十二辰也

司關上士二人中士四人府二人史四人胥八人徒八十人每關下士二人府一人史二人徒四人關界上之門〔疏〕司關至徒四人○釋曰在此者案其職云掌國貨之節以連門市故同與市連類在此此司關亦是揔檢校十二關所司在國內下云每關下士二人者自在關門關閉○注關界上之門○釋曰王畿千里王城在中面有五百里界首面置三關則亦十二關故云關界上門也

掌節上士二人中士四人府二人史四人胥二人徒二十人節猶信也行者所執之信〔疏〕掌節至十八人○釋曰案其職云掌守邦節辨其用在此者以其節連於門市故亦連類在此○注節猶至之信○釋曰案其職云邦國之使節山國虎節凡節者皆

行道所用無節者不達有節乃得行故云行者所執之信

遂人中大夫二人遂師下大夫四人上士八人中士十有六人旅下士三十有二人府四人史十有二人胥十有二人徒百有二十人

遂人主六遂若司徒之於六鄉也六遂之地自遠郊以達于畿中有公邑家邑小都大都焉鄭司農云遂謂王國百里外

〔疏〕遂人至十人○釋曰遂人主六遂如司徒主六鄉但官下大夫四人此遂人中大夫二人當小司徒中大夫二人鄉師四人當鄉師處但無六命卿一人以其六鄉爲正六遂爲副故尊卑不同以主事相似故上士已下其數與司徒同自此已下至旅師皆是地事故在此○注遂人至里外○釋曰鄭知遂人主六遂若司徒之於六鄉者旣名遂人下文承以遂大夫遂官之等似若大司徒下即有鄉大夫鄉官之等故知遂人主六遂若司徒之於六鄉也云六遂之地自遠郊以達于畿者案其職云遂人掌邦之野下文以達于畿是其義也

云中有公邑家邑小都大都焉但六遂之地只在二百里內亦有公邑故載師職云公邑之田任甸地其公邑自二百里以出至五百里皆有焉家邑大夫采地在稍地三百里小都卿之采地在縣地四百里大都三公王子弟在畺地五百里故載師職云家邑任稍地小都任縣地大都任畺地遂人雖專六遂以其言掌野郊外曰野大摠之言以言達于畿故知兼掌此等焉鄭司農云遂謂王國百里外者以其在一百里中故知百里外

遂大夫每遂中大夫一人縣正每縣下大夫一人鄙師每鄙上士一人酇長每酇中士一人○酇作管反**里宰每里下士一人鄰長五家則一人**縣鄙酇里鄰遂之別屬也○

（疏）遂大至則一人○釋曰此遂大夫於六遂各主一遂以鄉大夫各主一鄉但遂大夫已下其官皆卑於鄉官命數皆減一等是以遂大夫每遂中大夫一人不使鄉爲之差次至鄰長五家則一人者是不命之士爲之其鄉內比長亦五家一人彼使下士爲之○注縣鄙至別也○釋曰以其鄰長已上至縣正皆屬於遂大夫故言遂之屬別與上文州黨

族閭比鄉之屬別相似

旅師中士四人下士八人府二人史四人胥八人徒八十人主斂縣師所徵野之賦穀者也旅猶處也六遂之官里宰之師也正用里宰者亦斂民之稅宜督其親民（疏）旅師至十人○釋曰六鄉之內所有賦稅閭師徵之閭師斂之此二百里以外至五百里其地廣故縣師徵之旅師斂之徵斂別官故官屬與胥徒多也○注主斂至親民○釋曰案其職云掌聚野之鋤粟屋粟閒粟言野故知主斂縣師所徵野之賦穀者也云旅猶處也六遂之官里宰之師也者里訓爲居旅者衆也衆之所處即與里義同故鄭云里宰之師也遂官之內縣鄙已下正用里宰爲徵斂之官名者亦是斂民之稅宜督其親民若似六鄉之中取閭名爲徵斂之官故鄭云亦謂亦閭師也

稍人下士四人史二人徒十有二人主爲縣師令都鄙丘甸之政也距王城三百里曰稍家邑小都大都自稍以出焉○爲于僞反甸繩正反又如字（疏）稍人至有二人

釋曰其官在此者其職云掌令丘乘之政令言丘乘即三等采地也故與縣師遂人等連類在此○注主爲至出焉○釋曰云主爲縣師令都鄙丘甸之政也者案其職云若有會同師田行役之事則以縣師之法故云主爲縣師令都鄙丘甸之政也云距王城三百里曰稍者案載師家邑任稍地在三百里內故知三百里曰稍云家邑小都大都自稍以出焉者以其家邑在三百里小都在四百里大都在五百里從三百里向外故言自稍以出

委人中士二人下士四人府二人史四人徒四十人主斂甸稍芻薪之賦以共委積者也○委烏僞反注同（疏）注主斂至者也○釋曰案其職云掌斂野之賦斂薪芻凡疏材木材凡畜聚之物故鄭云主斂甸稍薪芻之賦共與遺人在道以供賓客故云以供委積者也亦與徵斂之官連類在此

土均上士二人中士四人下士八人府二人史四人胥四人徒四十人均猶平也主平土地之政令者也（疏）

土均至十人○釋曰土均在此者案其職云掌平土地之政均地守均地事均地貢並是徵斂土地之事故在此宜也○注均猶至者也○釋曰案其職云掌平土地以均地守故云均猶平也是主平土地之政令也

草人下士四人史二人徒十有二人草除草

疏草人○釋曰在此者案其職云掌土化之法以物地相其宜而爲之種又云凡糞種騂剛用牛之等皆是土地之事故在此宜也案其職唯有糞種之文無殺草之事鄭云草除草者無糞種者殺草然後種之職雖不言殺草名爲草人明知除草故鄭云除草也

稻人上士二人中士四人下士八人府二人史四人胥十人徒百人

疏稻人○釋曰在此者案其職云掌稼下地又云澤草所生種之芒種是土地之事故在此胥徒多者以其弁遺營種稻田

土訓中士二人下士四人史二人徒八人鄭司

農云訓讀爲馴謂以遠方土地所生異物告道王也爾雅云訓道也玄謂能訓說土地善惡之勢○訓如字司農音馴馴似遵反劉音訓徐餘倫反道音導（疏）土訓至人人○釋曰在此者案其職云掌道地圖以詔地事亦是土地之事故在此○注鄭司至之勢○釋曰司農云訓讀爲馴又引爾雅訓道也玄謂能訓說土地善惡之勢不從先鄭者案其職云道地圖道地慝道自是道說不得更訓以爲道故後鄭以爲訓說土地善惡

誦訓中士二人下士四人史二人徒八人能訓說四方所誦習及人所作爲久時事（疏）誦訓至八人○釋曰在此者案其職云掌道方志以詔觀事以知地俗亦是土地之事故在此○注能訓至時事○釋曰知能訓說四方所誦習事者其職云掌道方志謂所識四方久遠之事是其能訓說四方所誦習者也云及人所作爲久時事者案其職云以知地俗鄭注云博事也謂博知古事是其人所作爲久時事者也

山虞每大山中士四人下士八人府二人史

四人胥八人徒八十人中山下士六人史二人胥六人徒六十人小山下士二人史一人徒二十人虞度也度知山之大小及所生者。度徒洛反下同〔疏〕山虞至十八釋曰山虞在此者案其職云掌山林之政令物為之厲而為之守禁山林亦是土地之事在此宜也○注虞度也至生者○釋曰言度知山之大小者但山之大小里數雖曰無文據當時量度知其大小然後設官分職使掌之經文有中山鄭雖言大小者略言之耳云及所生者山中所出金玉錫石禽獸草木或有或無是也

林衡每大林麓下士十有二人史四人胥十有二人徒百有二十人中林麓如中山之虞小林麓如小山之虞衡平也平林麓之大小及所生者竹木生平地曰林山足曰麓○麓本亦作蔍音鹿〔疏〕林衡至小山之虞○釋曰云大林麓下士十有二人者案上山虞中士四人下士八人相

併亦十二人但山虞尊使中士爲官首下士爲之佐此林衡卑故下士自爲官首胥徒多於山虞者以其林麓在平地盜竊林木多者故須巡行者衆以是胥徒特多也中林麓如中山之虞小林麓如小山之虞胥徒不多者以其大林麓據特大者故胥徒特多中小巳下自如尋常法故如山虞自此巳下至澤虞皆是地事故在地官○注衡平也至曰麓○釋曰云衡平也平林麓之大小者經有中林麓鄭不言者亦略言也云竹木生平地曰林者對山中之林自是山虞掌此别言林衡故知竹木生平地者云山足曰麓者爾雅文山足亦有林木與山虞别官

川衡每大川下士十有二人史四人胥十有二人徒百有二十人中川下士六人史二人胥六人徒六十人小川下士二人史一人徒二十人川流水也禹貢曰九川滌源○滌徒歷反〔疏〕川衡至十人○釋曰川衡者平知川之遠近覽狹及物之所出官及胥徒多者以其川路長遠巡行勞役故也中川小川之等自若常法故差少○注川流至滌源○釋

曰言川流水也者對澤爲停水又引禹貢九川滌源者爲禹治洪水已訖九州之川已滌除泉源無擁塞矣引之者證川是流水

澤虞每大澤大藪中士四人下士八人府二人史四人胥八人徒八十人中澤中藪如中川之衡小澤小藪如小川之衡澤水所鍾也水希曰藪禹貢曰九澤既陂爾雅有八藪○藪素口反陂彼宜反〔疏〕澤虞至小川之衡○釋曰虞亦度也度知澤之大小及物之所出用中士尊於川衡者以其澤之所出物衆多胥徒少者以其巡行處近故也中澤小澤已下皆如川衡者自是常法○注澤水至八藪○釋曰澤水所鍾者鍾聚也謂聚水於其中更無所注入案周語虞大子晉云山土之聚澤水之鍾纂要亦云水所鍾曰澤故知澤水所鍾也云水希曰藪者希乾也案鄭詩云叔在藪火烈具舉舉藪中田獵明知無水又案爾雅藪在釋地之篇不入釋水故知水希曰藪以其藪與澤也有水無水爲異故於經別立官掌之案職方澤藪曰具區之

類及毛傳云藪澤皆同爲一者以其有水則爲澤無水則爲藪元是一物故同解之引禹貢曰九澤既陂者亦謂禹治洪水既訖九州之澤既已陂障無決溢矣引爾雅有八藪者禹貢九澤通畿內一州則有九爾雅云八藪除畿內一州而言引此二文者證藪澤有異案爾雅釋有十者以其周秦同在雍州秦有楊紆周有焦護一州有二故十又爾雅秦有楊陓職方冀州有楊紆蓋異所而同名也

迹人中士四人下士八人史二人徒四十人

迹之言跡知禽獸處〔疏〕注迹之至獸處○釋曰案其職云掌邦田之政亦是地事故在此

丱人中士二人下士四人府二人史二人胥四人徒四十人

丱之言礦也金玉未成器曰礦○丱徐音礦號猛反劉候猛反礦音號猛反

〔疏〕注丱之至曰礦○釋曰經所云丱是揔角之丱字此官取金玉於丱字無所用故轉從石邊廣以其金玉出於石左形右聲從礦字也云金玉未成器曰礦以其此官不造器物直取金錫玉石以供冬官百工故言金玉未成器曰礦

金玉之等出於地故在此也

角人下士二人府一人徒八人〔疏〕角人○釋曰案其職云掌以時徵齒角凡骨物於山澤之農以其是徵斂之官故亦在此

羽人下士二人府一人徒八人〔疏〕羽人○釋曰案其職云掌以時徵羽翮之政于山澤之農亦是徵斂之官故在此

掌葛下士二人府一人史一人胥二人徒二十人〔疏〕掌葛○釋曰案其職云掌以時徵絺綌之林于山農亦是徵斂之事故在此

掌染草下士二人府一人史二人徒八人染草藍蒨象斗之屬○蒨千見反象本或作橡音同〔疏〕注染草至之屬○釋曰案其職云掌以春秋斂染草之物亦徵斂之官故在此藍以染青蒨以染赤象斗染黑案其職注云染草茅蒐橐蘆豕首紫茢之屬二注不同者染草既多言不可

盡故互見
略言耳

掌炭下士二人史二人徒二十人〔疏〕掌炭○釋曰案其職掌灰物炭物之徵令以時入之以其徵斂之官故亦在此

掌茶下士二人府一人史一人徒二十人茶茅莠○荼音徒徐音餘莠〔疏〕注荼茅莠○釋曰案其職云掌以時聚荼以共喪事徵野疏材劉音酉毛詩注作秀以其徵斂之官故亦在此

掌蜃下士二人府一人史一人徒八人蜃大蛤月令孟冬雉入大水爲蜃○蜃上忍反蛤古荅反〔疏〕注蜃大至爲蜃○釋曰案其職云掌斂互物蜃物以共闉壙之蜃亦徵斂之官故在此言蜃大蛤者對雀入大水化爲蛤者爲小蛤引月令雉入大水爲蜃者案國語大水淮也

囿人中士四人下士八人府二人胥八人徒

八十人囿今之苑○囿音又〔疏〕囿人至十人○釋曰案其職云掌囿游之獸禁囿是地之用故在此注囿今之苑○釋曰此據漢法以況古古謂之囿漢家謂之苑

場人每場下士二人府一人史一人徒二十人場築地爲墠季秋除圃中爲之詩云九月築場圃十月納禾稼○墠音善圃音補又音布〔疏〕場人至十人○釋曰言每場者以其九穀別場故言每以殊之場亦地之用故在此○注場築至禾稼○釋曰除地曰墠築堅始得爲場故云場築地爲墠也云季秋除圃中爲之者以其春夏爲圃以種菜蔬至季秋始爲場引詩曰九月築場圃十月納禾稼者此七月詩引之證圃中爲場之意

廩人下大夫二人上士四人中士八人下士十有六人府八人史十有六人胥三十人徒三百人藏米曰廩廩人舍人倉人司祿官之長○廩力甚反倉也盛音成〔疏〕廩人至百人○釋曰

此官使下大夫爲官首徒三百人又多者以其米廩事重出納又多故也故其職云掌九穀之數以其米穀地之所長成故在此○注藏米至之長○釋曰藏米曰廩者對下倉人藏穀曰倉云廩人舍人倉人司祿官之長者以其舍人已下同掌米穀之事皆以士爲之故廩人下大夫與之爲長

舍人上士二人中士四人府二人史四人胥四人徒四十人舍猶宮也主平宮中用穀者也【疏】舍人至十人○釋曰在此者案其職云掌平宮中之政分其財守以法掌其出入謂平宮中米穀多少故與廩人倉人連類在此○注舍猶至者也○釋曰鄭訓舍爲宮者案其職云掌平宮中之政故就職內主平宮中用穀解之

倉人中士四人下士八人府二人史四人胥四人徒四十人【疏】倉人○釋曰案其職云掌粟入之藏如廩人米粟地之所成故也

司祿中士四人下士八人府二人史四人徒

四十人主班祿〔疏〕注主班祿○釋曰在此者其職既闕未知所掌云何但班祿者用粟與之司祿職次倉人明是班多少之官故鄭云主班祿故與倉人連類在此

司稼下士八人史四人徒四十人種穀曰稼如稼女以有所生〔疏〕注種穀至所生○釋曰云種穀曰稼者對收斂曰穡也在此者其職云巡野觀稼出斂法亦是徵斂地事故連類在此

舂人奄二人女舂抌二人奚五人女舂抌女奴能舂與抌者抌抒臼也詩云或舂或抌○奄於檢反劉於驗反抌音由又音揄或羊笑反抒時女反〔疏〕舂人至五人○釋曰有奄者以其與女奴同處故也在此者與倉人稟人饎人連事故亦連類在此其職云掌祭祀賓客牢禮之米所共多矣而舂人少者蓋舉其能者亦應兼有別奚於其中矣○注女舂至或抌○釋曰引詩或舂或抌者彼生民詩引之者證舂抌之事也

饎人奄二人女饎八人奚四十人鄭司農云饎人主炊官也○釋特牲饋食禮曰主婦視饎爨故書饎作䭃○饎尺志反注䭃同爨七亂反〔疏〕饎人至十人○釋曰在此者其職云凡祭祀共盛共王及后之六食凡賓客共其簠簋不在天官而在此者以其因舂人又因地道之成故在此

稾人奄八人女稾每奄二人奚五人鄭司農云稾讀爲犒師之犒主冗食者故謂之犒○槁注音犒同苦報反冗如勇反〔疏〕稾人至五人○釋曰案其職云掌共外內朝冗食者之食所共處多故有奄八人又女稾每奄二人奚五人也○注鄭司至之犒○釋曰案左氏春秋僖三十三年秦人將襲鄭鄭商人弦高將市於周遇之以乘韋先牛十二頭犒秦師遂詐之云鄭使我犒勞軍師引之者以在朝之人不得歸家亦枯槁以須槁勞之故名其官爲犒。人亦同廩人連類在此

附釋音周禮注疏卷第九

南昌盧氏宣旬校刊

大清嘉慶二十年重

用文選樓藏本校

知南昌府張敦仁署鄱陽縣候補知州周澍栞

周禮注疏卷九挍勘記　　阮元撰盧宣旬摘録

附釋音周禮注疏卷第九

地官司徒第二　唐石經作第三非

其實五中雖不含十二　浦鏜云下當脱十二中三字

自此以下至槀人　閩本同槀字從木監毛本作稾從禾誤

教官揔目於下也　此本目誤自據閩監毛本訂正

此鄉師司徒之老　盧文弨云老當作考○按此據冡宰設其考之注而言確不可易

謂佐司徒主六鄉　此本佐誤在據閩監毛本訂正

胥有才知之稱　釋文才知音智惠棟云互注本作智余本作知

二鄉則公一人者　惠棟云此下有脱文

以其天子所父事二老者同名　惠挍本二作三此誤

坐而論道謂之王公　閩監毛本王誤三

云其要爲民所以屬之鄉焉者　注所以作是以

上以釋訖　浦鏜云以當巳字誤

鼓人史二八　唐石經諸本同集注作史四人誤

或負其餱　宋本餱作糇載音義糇音侯此本䟽中亦作糇案釋文其糇音侯○按此亦餱之俗字

又云詩曰者　此本云誤充據閩本訂正監毛本改引

冀州旣載　閩監毛本同宋本嘉靖本冀作㠊此本䟽中引注亦作㠊

是其任民而稅之者也　浦鏜云事誤任○按此等非誤

鄉官有州黨族閭比正　岳本鄉官下有則

掌九賦九貢九功之貳　浦鏜云賦貢字當依經互易按注文作賦貢○

三百里曰稍四百里曰縣　惠挍本作四百里曰縣

皆是均地之事　閩本同監本剜改作土地毛本從之

犅維師氏　釋文以下諸本維字从糸此淺人據毛詩所改賈疏引注作惟當訂正

以其國子人多　惠挍本閩本同監毛本多作衆與下句複

是其教人以道者爲稱也　浦鏜云之誤爲

掌教國子以道　浦鏜云養誤教

自此已下　惠挍本閩本同監毛本巳改以非

以其周公聖　案聖上脱爲

媒之言謀也謀合異類　監本言媒誤謀漢制考異類作異姓非

集名云配儷男女　惠挍本作集略云此誤

云今齊人名麴麩曰媒　惠挍本下有者此脫

故書廛爲壇　九經古義云管子五輔篇曰辟田疇利壇宅荀卿子云定廛宅是古廛字皆作壇也○按此等鄭君謂之古文假借字

胥師二十肆則一人　宋本不提行即接廛人注下與此本合唐石經嘉靖本閩監毛本皆另提行○按不提行者誤也

少有才智者　案此本少字係剜擠蓋本作有才智者

掌國貨之節以連門市　閩監毛本連改聯非此本及監本門誤闕今據閩毛本訂正

遂師下大夫四人　余本閩監毛本同皆連上遂人唐石經宋本岳本嘉靖本皆另提行下遂大夫縣正鄙師酇長里宰鄰長各自提行準此○按準鄉老至閭胥之式則遂人至鄰長亦當合爲一條

里宰每里下士一人　諸本同唐石經作二人誤

以鄉大夫各主一鄉　浦鏜云以當似字誤

不使鄉爲之　浦鏜云卿誤鄉

草人〇釋曰在此者　惠挍本釋曰下有草人二字此脫

訓讀爲馴　九經古義云訓與馴古今字史記五帝本紀云帝堯能明馴德徐廣曰馴古訓字殷本紀帝舜命契曰百姓不親五品不馴後漢書作訓萬石君傳馴行孝謹亦作訓易馴致其道徐音訓漢讀考云此經作馴司農易爲訓又引爾雅以證成之今經作土訓注作訓讀爲馴蓋其始或用注改經作訓其既也復用巳改之經改注凡經典内如此者致多

胥十有二人　毛本二誤一

以其林麓在平地盜竊林木多者　毛本平誤乎惠挍本林作材浦鏜云多者

二字當誤倒

云山足曰麓者爾雅文浦鏜云爾雅無文見劉氏釋名

官及胥徒多者閩監毛本誤作師徒

案周語虞大子晉云閩本同監毛本語誤禮浦鏜云虞疑衍案惠挍本無此字

以其藪與澤也有水無水爲異案也當有字之誤

周有焦護非惠挍本護作穫與爾雅釋文正合今本作護

築堅始得爲場此本堅字剜擠盖本作築始得爲場

藏米曰廩賈疏本同釋文盛米音成與賈異監本廩作稟非下同○按賈本作藏是

如嫁女以有所生浦鏜云之訛以從洪範疏挍

故書饎作饎漢讀考云案說文饎或從配作饎疑今周禮𩛁下訛多火也特牲饋食禮注曰古文饎作

犒周禮作饎

槀人 宋本閩本同葉鈔釋文及宋本載音義作槁人唐石經嘉靖本監毛本通志堂釋文作槀下從禾下及注并疏準此蓋經文作禾槀字爲假借故司農讀作枯槁也小行人注云故書槁爲槀鄭司農云槀當爲槁與此正合唐石經序官作槀人者非也槁人職及牛人共其槁牛小行人則令槁襘之字皆從木者是也本或作槀槁槀一字經注有從牛者蓋非盧文弨曰注疏本槁或作犒此習於俗用而遂改易舊文不知古並無犒字觀疏以枯槁爲言則唐人尚未誤也

鄭使我犒勞軍師 此本犒誤槁據閩監毛本訂正

故名其官爲犒人 當從閩本作槁人監毛本作稿人亦誤

周禮注疏卷九校勘記終

南昌袁泰開校

傳古樓景印